AIとともに生きる未来 2

AIの進化

推論《すいろん》・探索《たんさく》から
ディープラーニングまで

山田誠二・監修

はじめに

推論《すいろん》、探索《たんさく》から機械学習へ

AI《エーアイ》は、人間のような知能《ちのう》をコンピュータに持たせたいという大きな夢《ゆめ》に向かって、研究され開発されています。でも、ちょっと考えてみて下さい。「人間のような知能」とは、何でしょうか？　この問題は、簡単《かんたん》には答えが見つかりそうにありませんが、これまで多くのAI研究者が考えてきました。その結果、「問題を解決《かいけつ》する能力《のうりょく》」が、人間の知能の基本《きほん》であると考えるようになりました。そして、その問題解決の能力にとって、必要な能力は、『推論《すいろん》』、『探索《たんさく》』、そして『学習』であると考えられています。

1つ目の『推論《すいろん》』とは、観察された事実や証拠《しょうこ》からある結論《けつろん》を導《みちび》き出す能力《のうりょく》であり、お医者さんの診断《しんだん》や探偵の犯人捜《はんにんさが》しなどが典型的な例です。また、わたしたちも、毎日さまざまな推論を行っています。みなさんも、毎日お父さんや先生、お友達の顔の表情《ひょうじょう》を見て、今この人はどんな気持ちなのかということを考えますよね。これも、顔の表情という事実、証拠から相手の気持ちを推論しているといえるのです。このように、人間はいつもものすごい回数、推論を行っていることがわかると思います。

また、たくさんある正解候補《せいかいこうほ》の中から、いいもの（答らしいもの）を一生懸命探《いっしょうけんめいさが》して見つけ出すことも、毎日やっていると思います。これが、『探索』です。よく例にあげられるのが、テレビゲーム、特にロールプレーイングゲームで次のいい手を考えるとき、考えられるさまざまな次の手の候補から一番よさそうなものを制限《せいげん》時間内に選ばないといけません。これは、かなり難《むずか》しい探索を行っています。そこでは、もしその手をとったら、どんなことが起こるのかという、先読みをする必要がでてきます。これは、将棋《しょうぎ》や囲碁《いご》などのゲームでも同じことです。また、ある場所に行きたいときに、どのようなルート（どの駅から電車・バスに

乗って、どこで乗りついで、後は歩くなどの移動《いどう》計画）を取るのが、最も早く、安く行けるかなどを考えるのも、相当難しい探索です。

そして、3つ目の『学習』です。これは、最近の第３次AIブームで特に注目されている人間の知能です。みなさんも、毎日学校の教室で先生の授業《じゅぎょう》を受けて、算数、理科、社会などいろんな科目を学習、勉強していますよね。また、まだ子どもであるみなさんは、特にそうなのでしょうが、日々にさまざまな初めての経験《けいけん》をしていると思います。そして、そのような経験から、いろんなこと（知識《ちしき》）を学習していると思います。AIでも同じように、経験から知識を学習させようとする研究があります。これが、『機械学習』と呼ばれており、経験から学習できるプログラム（=AI）を作ることを目指して、研究されています。機械学習では、学習がいろんな種類の学習に分けて考えられています。その中でも、一番研究されていて使われているのが、『教師《きょうし》あり学習』という種類の機械学習です。この教師あり学習については、本巻《ほんかん》でより詳《くわ》しく説明します。

第２巻では、以上で説明した人間の基本的な知能である『推論』、『探索』そして『学習』をAIで作るには、どのようにすればいいのか、そして具体的にはどのような方法が使われるのかについて、詳しく説明していきます。これらの内容《ないよう》は、AIの基本とその方法を理解する上でとても大事なものなので、すこし難《むずか》しいかも知れませんが、しっかり読んでいただければきっとAIの理解が進むと思います。また、これらの理解により、反対に「人間の知能とは何なのか」というとても重要で難しい問題についても、おぼろげながら答えが見えてくるのではと期待しています。

国立情報学研究所 教授
総合研究大学院大学 教授
山田 誠二

巻頭《かんとう》コラム

機械が“学習する”って、どういうこと？

学習とは何か

学習とは、何か新しい知恵《ちえ》や知識《ちしき》を実際《じっさい》に活用できるように身につけることです。わたしたちはふだんから、学校で“ 学習 ”しています。新しい漢字を学び、きちんと書けるようになるまで、何度も練習して身につけます。

漢字テストで間違《まちが》ってしまったら、どこが間違っていたのかを正解《せいかい》と照らし合わせて確認《かくにん》し、再《ふたた》び練習を重ねて、次には正しい答えが出せるように、つまり正しく漢字が書けるように努力します。

このように、知恵や知識をしっかりと身につけ、必要な時にきちんと正しい答えを導《みちび》き出《だ》せるようにすることが“ 学習する ”ということなのです。

AI《エーアイ》(人工知能《ちのう》)も、学習する

では、コンピューターのプログラムであるAI《エーアイ》が“学習する”とはどういうことなのでしょうか。

実は、わたしたち人間が学習するのと同じように、AIも学習することができるのです。学習する目的も、わたしたち人間と同じです。つまり、ある問題に対して、正しい答えを導《みちび》き出《だ》せるように、学習するのです。

もし、ある問題に対して出した答えが間違《まちが》っていたら、正解《せいかい》と照らし合わせて、どこが間違っていたのかを分析《ぶんせき》し、次に同じような問題が出された時に、どこをどのように直しておけば、正しい答えにたどり着くのかをAI自身が知恵《ちえ》や知識《ちしき》を調整するのです。

人間の学習とはちょっと違《ちが》う、AI《エーアイ》の学習

ただし、人間の学習とAI《エーアイ》の学習の方法はちょっと違《ちが》っています。漢字の例でいえば、人間は間違った時に、正解《せいかい》の漢字を見て、正しい書き方を学習します。

しかし、AIはコンピューターのプログラムなので、プログラムに基《もと》づいて計算を行ったり、プログラムに基づいた「この場合には、こうする」というルールを適用《てきよう》したりすることによって答えを出しています。

ですから、AIが学習する場合には、計算のやり方や適用すべきルールを調整することで、正解が出せるように“学習”するのです。

たとえば、「1」を入力したら、10を出力する。「2」を入力したら「20」を出力するというルールをあたえられた時に、AIはどうすれば、1→10、2→20になるかを考えます。

そして、“そうだ！ ×10だ”と気づきます。

AIは、「入力された数字に、×10を実行して答えを出す」ことを学習するのです。

つまり、正解そのものを覚えるのではなく、正解を出すためのルールや計算式を調整することが、AIが学習する、ということであり、これを機械学習と呼びます。

どうして、AI《エー アイ》は学習できるのか!?

機械学習がどういうものかは、なんとなくわかっていただけたでしょうか。まだよくわからないかもしれませんが、この本の中で、もう少し詳《くわ》しく説明していきますので、この本を読みおわる頃《ころ》には、もっと理解《りかい》できるようになると思いますので、安心してください。

さて、ではどうしてAI《エーアイ》は、そんな学習ができるのでしょうか。実はAIが学習する方法はいくつもあります。
「教師《きょうし》あり機械学習」といわれる方法や、「教師なし機械学習」といわれる方法、そして「統《とう》計《けい》的機械学習」、「ディープラーニング」といわれる方法が代表的です。

ここ最近、AIの実用化が進んでいるのは、こうした機械学習の技術《ぎじゅつ》が進歩したからなのです。

現在《げんざい》のAIを理解《りかい》する上で、機械学習の方法を知ることはとても大切なことなのです。

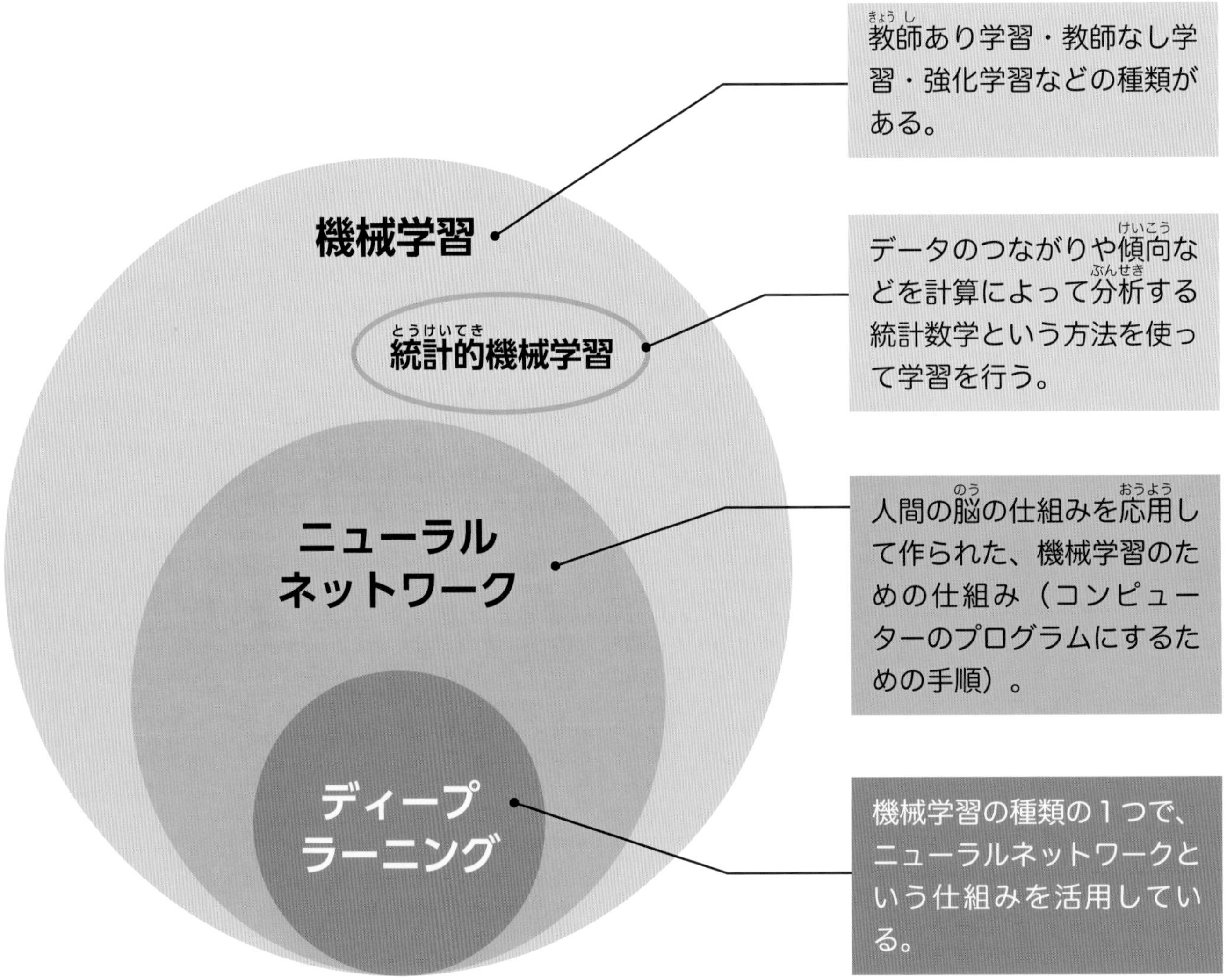

機械学習の仕組みは、１つだけじゃない

第1章

推論《すいろん》・探索《たんさく》を使ったA《エー》I《アイ》

1 推論《すいろん》・探索《たんさく》を使った AI《エーアイ》の仕組み

推論《すいろん》とは、ある事実をもとに答えを推理《すいり》すること

推論《すいろん》とは、ある情報《じょうほう》に基《もと》づいて、あるいはいくつかの情報を組み合わせることによって、すでにある情報や事実とは別の結論を導《みちび》き出《だ》す考え方のことです。

名探偵《めいたんてい》がさまざまな証拠《しょうこ》から犯人《はんにん》を当てますよね。あれが推論《すいろん》です（「推理《すいり》」ともいいます）。

たとえば、次のようなものです。

AI《エーアイ》が、ある情報をいくつも組み合わせて、何かの結論を導き出す時にも、このような推論の考え方でプログラムを作り、それを実行することで目的とする答えを導き出すことができるようになるのです。もちろん、コンピューターのプログラムにする時には、こんなに簡単《かんたん》ではありませんが。

■前提《ぜんてい》となる事実・情報《じょうほう》

（1） 機械はいつか、必ずこわれる。
（2） ロボットは、機械である。

■（1）と（2）の情報・事実から導《みちび》き出《だ》される結論《けつろん》

ロボットは、いつか必ずこわれる。

このような推論《すいろん》の考え方は、ルールで表すこともできます。
たとえば、

■前提となる事実・情報

（1）A ⇒ B（Aならば、Bである）
（2）B ⇒ C（Bならば、Cである）

■（1）と（2）の情報・事実から導き出される結論

A ⇒ C

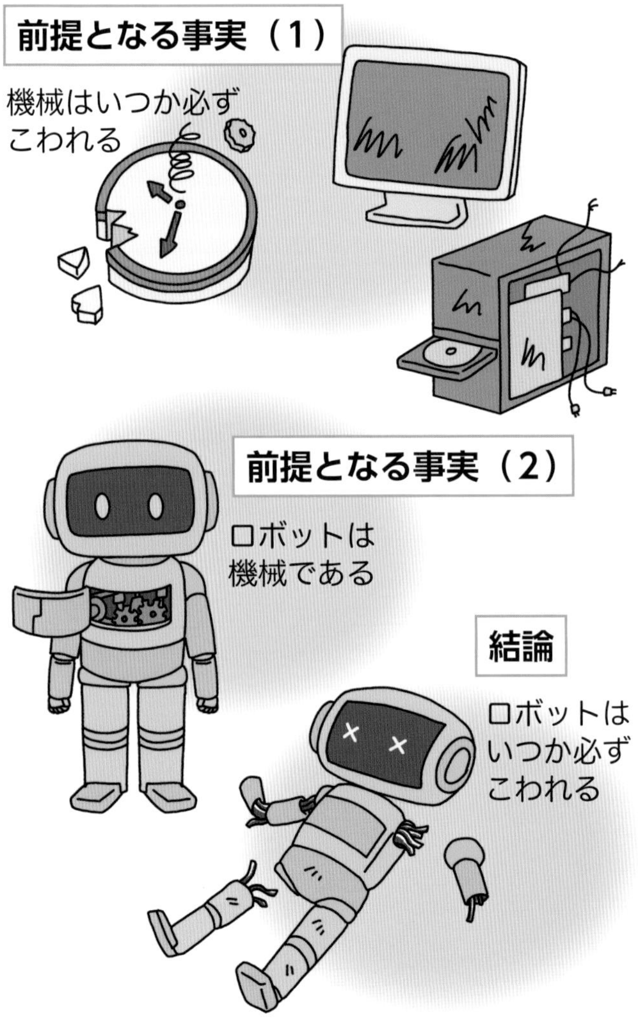

探索《たんさく》とは、答えを探《さが》すこと

探索《たんさく》とは、ある問題について、もっとも正しい答えを探《さが》し出《だ》すことです。迷路《めいろ》を思い出すと、わかりやすいでしょう。

<例>
次の迷路を実際《じっさい》にやってみましょう。

さて、このような迷路で、正解《せいかい》の道筋《みちすじ》を探す時、わたしたちは実際にルートの上に指をすべらせたり、エンピツで通ったルートが分かるよう線を書いたりして先に進み、もし壁《かべ》にぶつかったら、手前の分岐点《ぶんきてん》まで戻《もど》り、そこから違《ちが》うルートをたどる、という作業を繰《く》り返《かえ》します。

これが「探索」なのです。つまり探索とは、問題を解《と》くために考えられる可能性《かのうせい》をすべて試《ため》してみて、その可能性の中にただ1つだけあるはずの正解を探し出すことなのです。

迷路を進んでいき、分かれ道にぶつかると、どちらかに進み、そこが行き止まりだった場合に、分かれ道まで戻って、別の道を進みます。そしてまた分かれ道にぶつかると、どちらかを選んで進む、ということを繰り返します。分かれ道にぶつかるたびに、これを繰り返して、どのようにルートを選べば、ゴールにたどり着くのかを“発見”するのです。

探索は、AI《エーアイ》が答えを導《みちび》き出《だ》すための考え方としては、とてもよく使われます。

探索木《たんさくぎ》によって、すべての可能性《かのうせい》をためす

ひとくちに探索《たんさく》といっても、実はさまざまな探索の方法があるのですが、ここでは探索木というものを取り上げます。

これは、先ほど取り上げた迷路《めいろ》の正解《せいかい》を探《さが》すような探索です。迷路には、途中《とちゅう》にいくつも分かれ道があり、分かれ道のどちらに進むのかによって、さらにその先に分かれ道があったり、行き止まりになっていたりします。行き止まりにならないように分かれ道を選び続けることで、最後にはゴールにたどり着きます。

この、ゴールにたどり着くためのルートを発見するために、どのように分かれ道を進むことができるのか、というすべての可能性《かのうせい》（ルートの選び方）を探索木で表すことができるのです。

ここでも、具体的な迷路を取り上げて、確《かく》認《にん》していきましょう。

■迷路《めいろ》を探索木《たんさくぎ》で表す

まずは次の迷路を見てください。

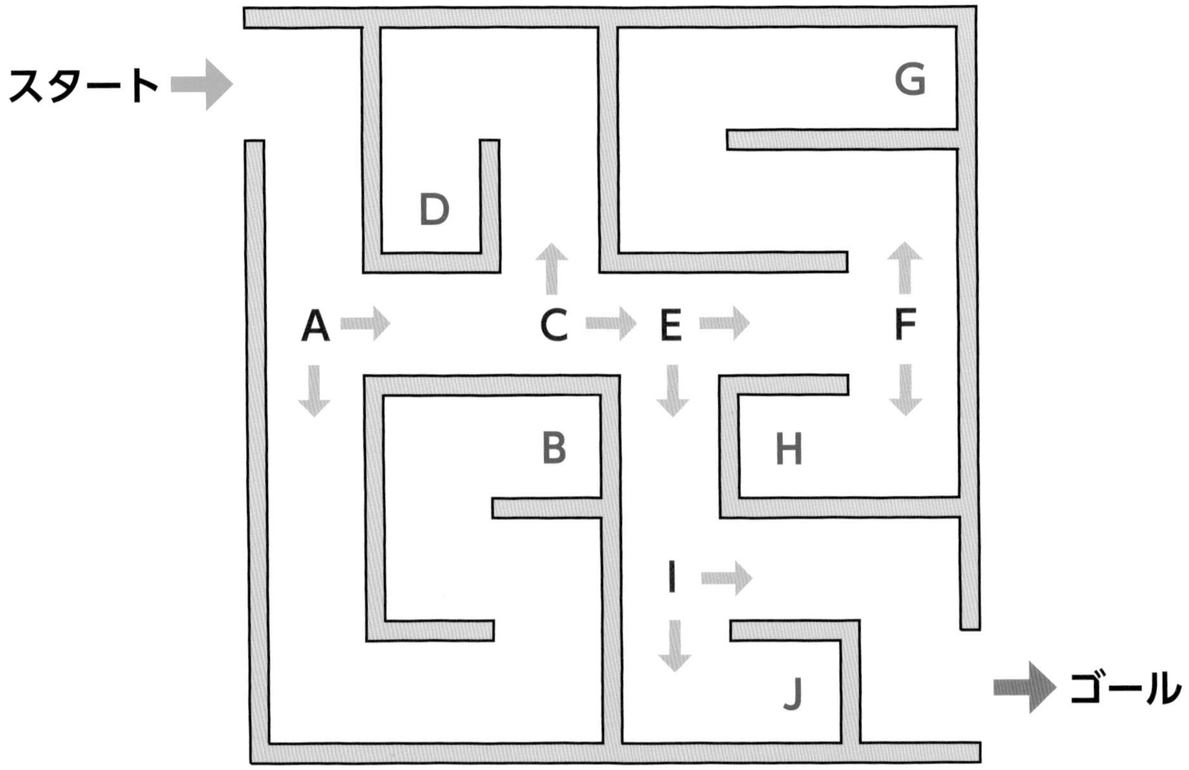

この迷路では、A・C・E・F・Iという5つの分かれ道があります。そして、それぞれに2つの道筋《みちすじ》があり、どちらかを選べるようになっています。たとえば、Aの分かれ道では、横に向かっている道を選ぶとCにたどり着きますが、下に向かう道を選ぶと、Bという行き止まりにぶつかってしまいます。同じように、Cの分かれ道では、横に進むと次の分かれ道Eにつながり、上に進むとDという行き止まりにぶつかります。

これらを探索木にまとめると、次のようになります。

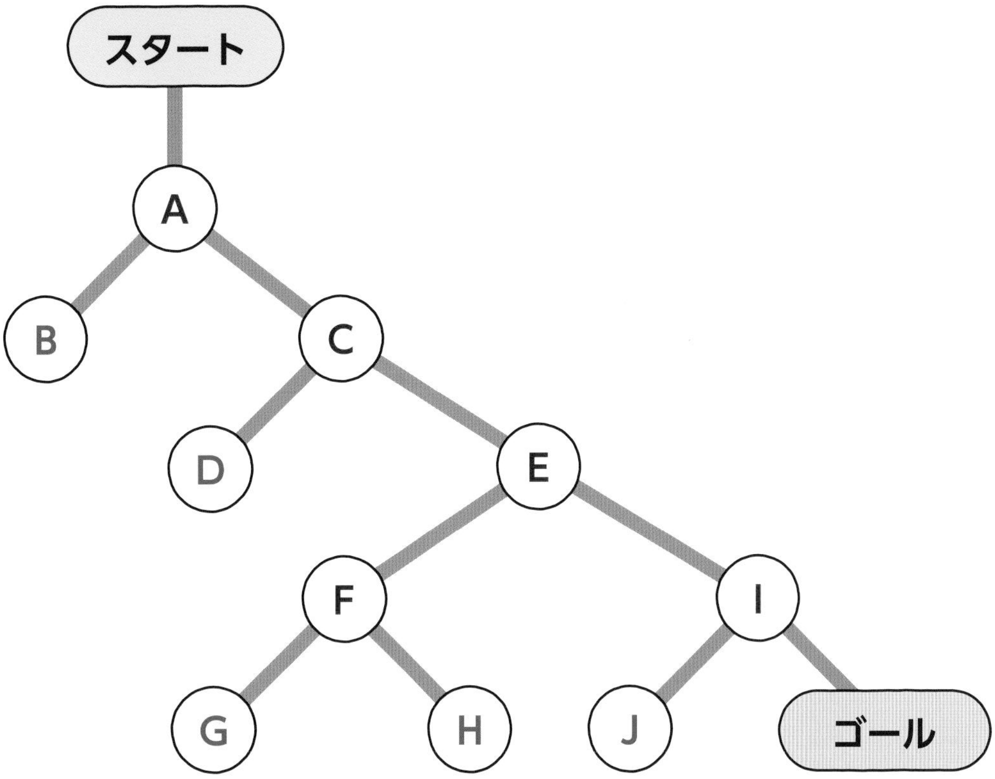

まず、スタート地点からAまでは1本道なので、迷《まよ》うことなくAに向かいます。下に向かうと行き止まりBです。横に進むと分かれ道Cです。当たり前ですが、道順の進み方と、どの方向に進むと行き止まりにぶつかるのか、その先に進めるのかは、迷路も探索木も同じです。迷路を見ているだけでは、すぐにゴールにつながる道順を発見することは難《むずか》しいですが、図に表すとA→C→E→I→ゴールという道順がすぐにわかると思います。

探索木《たんさくぎ》の考え方をプログラムにしてAI《エーアイ》を作る

このように、すべての分かれ道をたどっていくことで、どのルートが正解《せいかい》（ゴール）にたどり着くルートなのかを図に表すことができます。これが探索木《たんさくぎ》です。

この考え方をコンピューターのプログラムにすることで、AI《エーアイ》を作ることができます。もちろん、実際《じっさい》にAIに搭載《とうさい》される探索のプログラムは、もっと複雑《ふくざつ》なものになります。

ここで取り上げた迷路の例は、とてもわかりやすく、分かれ道の数も少ないので、人間がすべての道筋《みちすじ》を実際にたどりながら、ゴールまでたどり着くことは、難《むずか》しいことではありません。しかし、もっと複雑で、もっと大きな迷路でゴールを目指す場合には、人間が指で道筋をたどる方法では、とても時間がかかってしまうことでしょう。

そして、そのような複雑《ふくざつ》な探索木《たんさくぎ》は、コンピュータでもゴールにたどり着くために、すごく長い時間がかかります。そのためAIによって賢《かしこ》くルートを探す必要があるのです。その「賢く探《さが》す」いろいろな方法が作られています。

AIの開発に探索や推論《すいろん》を活用するのは、第1次AIブームといわれた1960年代からありました。そして、今でも実際のAI開発に活用されているのです。

2 推論《すいろん》・探索《たんさく》を使った AI《エーアイ》の実例

囲碁《いご》や将棋《しょうぎ》の特化型AI《エーアイ》

推論《すいろん》・探索《たんさく》を使ったAI《エーアイ》の代表例としては、囲碁《いご》や将棋《しょうぎ》、オセロなどのゲームに特化したAIがあげられます。最近では、こうしたゲームAIでも、機械学習などの比較的《ひかくてき》新しい仕組みを活用したり、探索と機械学習を組み合わせたりして、より強いゲームAIが作られるようになっています。しかし、今でも、推論・探索が、AIの基本的《きほんてき》な考え方の１つであることに変わりはありません。

こうしたゲームは、駒《こま》の動かし方などのルールが細かく決められているので、AIはムダなことを考える必要がなく、ルールに従《したが》って駒などを動かしながら、相手に勝てる可能性《かのうせい》の高い一手を選び出すだけでよいのです。そして、これは推論・探索を使ったAIがもっとも得意なことなのです。

ここからは、オセロを例に説明を進めましょう。

オセロゲームは、２人で対戦するゲームです。タテ８マス、ヨコ８マス、合計で64マスの中で、白の駒と黒の駒をお互《たが》いに置いていきます。相手の駒を自分の駒ではさむことで、相手の駒を自分の駒の色に変えていき、最後に自分の駒が多いほうが勝ちとなります。

ゲームは、白・黒ともに２つずつを盤《ばん》の中央に置いた状態《じょうたい》から始まります。ルールは、“必ず、相手の駒をひっくり返せるマス目に、自分の駒を置くこと”で、それができない時には１回休みとなります。

いざスタートです。まずは黒からです。必ず白をはさむことのできるマス目に自分の駒（黒）を置くのがルールですから、置けるマス目はA、B、C、Dの４つのうちの１つです。そこで、Aに置いたとします（図1）。

そうすると、はさまれた白駒が黒になります。次は白の番です。この時、白が置けるマス目はA、B、Cのどれかになります。Aに置いたとします（図2）。白にはさまれた黒が白に変わり、次に黒が置けるマス目はA、B、C、Dのどれかになります（図3）。

このようにして、ゲームが進んでいきます。ここまでの手順を探索木にして見てみましょう。

図1

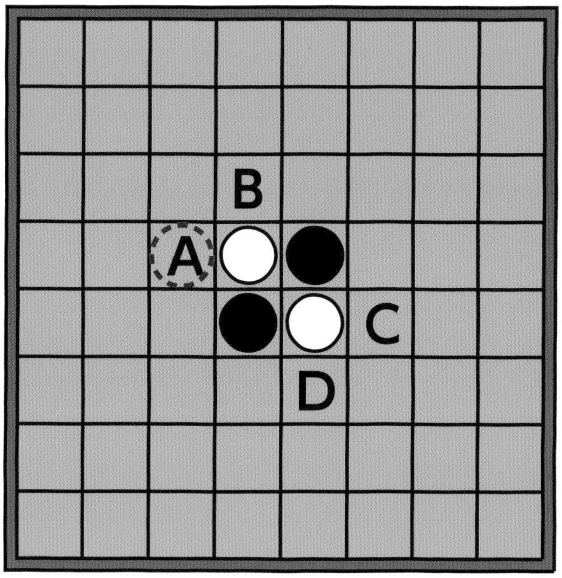

置けるマス目はA、B、C、Dの4つのうちのどれか。

図2

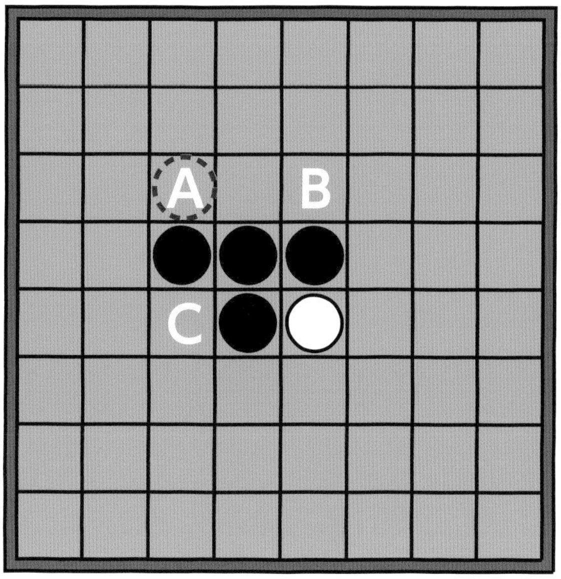

図1のAに黒を置くと、はさまれた白が黒に変わる。
この時、白が置けるマス目は、A、B、Cの3つのうちのどれか。

図3

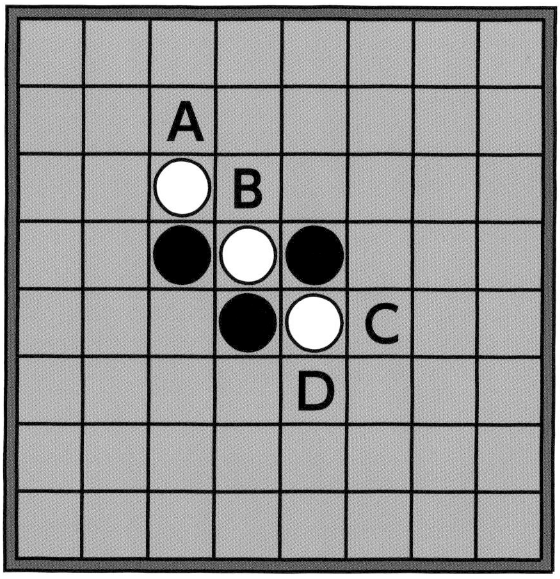

図2のAに白を置くと、はさまれた黒が白に変わる。
この時、次に黒が置けるマス目は、A、B、C、Dの4つのうちのどれか。
このようにしてオセロゲームが進む。

黒の最初の1手は4つのマス目の中から1つを選びます。Aを選ぶと、それに対して相手が1手打ちます。それによって、黒の2手目で、駒を置ける場所が4つに限《かぎ》られます。その中からAを選ぶと、それに対して相手が1手打ち、それによって、黒が3手目で駒を置けるマス目が4つになります。

ここでは、実際《じっさい》の打ち手に沿《そ》って探索木の枝《えだ》を伸《の》ばしていますので、すべてAの下だけに枝が伸びています。この探索木では表現《ひょうげん》していませんが、もちろん1手目のBやC、Dの下にも枝は広がります。

ここでは3手目までしか表現していませんが、実際のゲームでは10手、20手と進んでいきます。そして、場合によっては、枝分かれが10本以上になることもあるのです。

そしてAIは、この図では書ききれなかった、すべての打ち手について、どのように枝分かれしていくかを、先の先まで考えて高速で計算し、勝つために必要となる次の一手を選び取っているのです。

探索木は、「探索」という仕組みを、わかりやすく図で表したものであり、AIが、問題の解決《かいけつ》のために、そのたびに探索木を描いているわけではありません。AIはプログラムによって、こうした「探索」を実行し、正解を発見しているのです。探索木はあくまでも、仕組みの図解ではありますが、枝分かれが増《ふ》えれば増えるほど、人間が自分で正解を発見することがどれほど大変なことなのか、わかるのではないでしょうか。

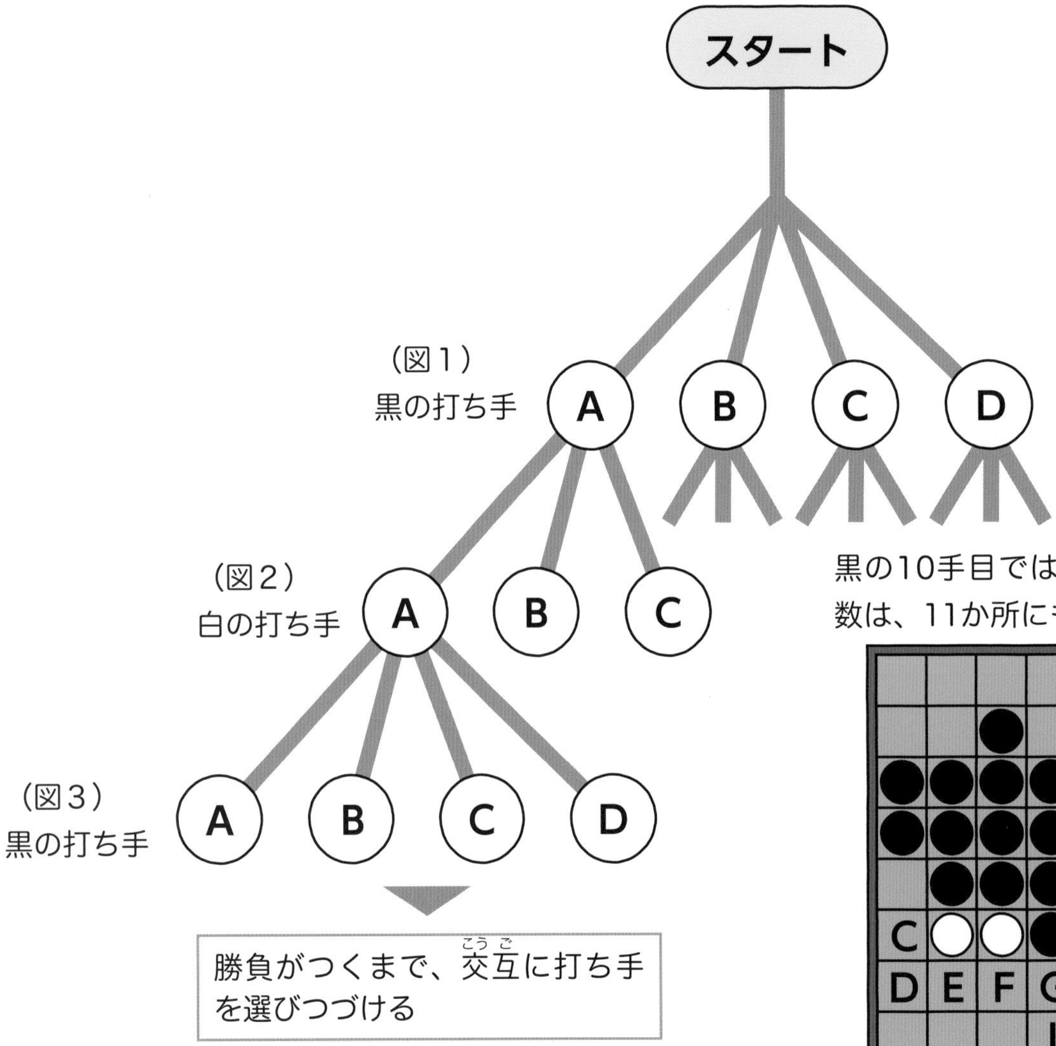

黒の10手目では、選べるマス目の数は、11か所にもなることも。

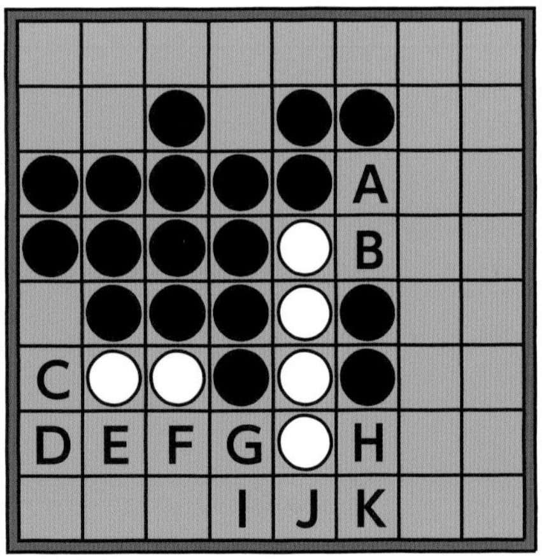

3 推論《すいろん》・探索《たんさく》を使ったAI《エーアイ》の実例 2

検索《けんさく》エンジンにも使われている探索《たんさく》

探索《たんさく》は、ある問題に対して、もっとも正しいと思われる答えを導《みちび》き出《だ》すことであり、こうした考え方に基《もと》づいたAI《エーアイ》の事例は、いろいろとあります。

わたしたちは、何か調べものをしようとした時に、よくインターネットを使います。Yahoo!《ヤフー》やGoogle《グーグル》といった検索《けんさく》エンジンを使って、検索窓《けんさくまど》に調べたい言葉を入力して、「検索」ボタンをクリックすると、あっという間にたくさんの情報《じょうほう》があらわれます。

これは、インターネット上にあるたくさんのホームページの中から、検索窓に入力された言葉が書かれているホームページを、検索エンジンが調べ上げて、画面に表示《ひょうじ》してくれているのです。

文字としてあらわされている情報を探《さが》し出《だ》してくる仕組みなので、「文字列探索」と呼《よ》ばれます。

ただし、実際《じっさい》の検索エンジンは、文字列探索だけで答えを出しているわけではなく、機械学習などの方法も組み合わせて、より正しい答えが出せるように進化しています。

たとえば、AIについて調べたいと思った時には、検索エンジンの窓に「AI」と入力します。そうすると、AIについて書かれているたくさんのホームページが表示されます。この時、あるホームページでは、「AI」という言葉が1回しか使われていないが、別のホームページでは10回使われているとすると、10回使われているホームページを上位に表示するようになっています。これは探索木です。

さらに、検索した人が、表示されたたくさんのホームページの中から、どれかを選んでクリックし、そのホームページを見にいくと、検索エンジンは、こうした行動もきちんと記録しておきます。そして、「AI」の検索結果として、どのホームページがよく見られているか、を“学習”します。それによって、次の誰《だれ》かが「AI」を検索した時には、よく見られているホームページを検索結果の上のほうに表示して、選びやすくしてくれます。ここでは、AIの機械学習が活用されているのです。

つまり検索エンジンでは、探索という方法と、機械学習などの方法も組み合わせて活用することで、より適切《てきせつ》な検索結果を表示できるようになっているのです。

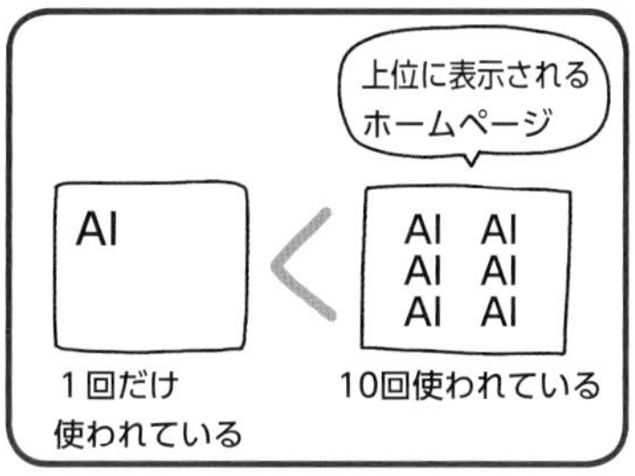

◀ただの「検索」機能でできる。

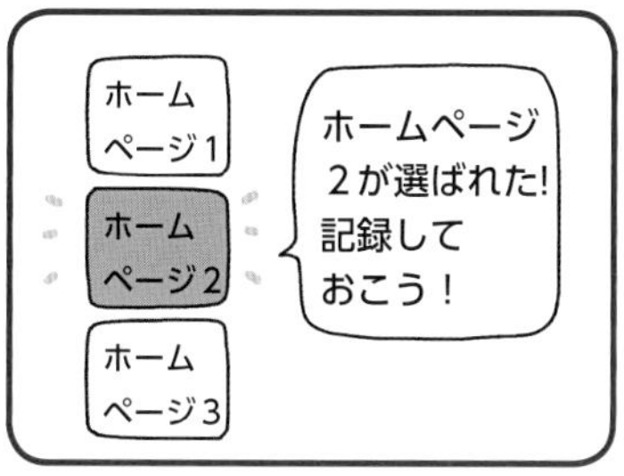

◀AIじゃないとできない。

コラム

フレーム問題って、どんな問題？

フレーム問題とは

「フレーム問題」は、AI《エーアイ》開発における最大の難問《なんもん》だともいわれる大きな問題です。フレームとは枠組《わくぐ》みのことです。「フレーム問題」とは、AIが何かを実行する際《さい》に、ある一定の枠組みをあたえないと、やるべきことや考えるべきことをきちんとやれないし、考えられないとする問題です。

フレーム問題は、1969年にジョン・マッカーシーというAI研究をする科学者らが考えたのがはじまりでした。

その後、多くの科学者がフレーム問題を研究していますが、哲学者《てつがくしゃ》のダニエル・デネットが発表した例が有名ですので、その例を参考にしながら、フレーム問題について説明します。

爆弾《ばくだん》が仕《し》掛《か》けられた部屋から宝物《たからもの》を運び出すAI《エーアイ》ロボットの例

ある部屋に、宝物《たからもの》と爆弾《ばくだん》があり、AI《エーアイ》ロボに「爆弾が爆発する前に、安全に宝物を運び出せ」と指令がくだされました。

AIロボ1号は、部屋の中に入り、台車にのせられた宝物を見つけました。AIロボ1号は、台車ごと宝物を運び出しましたが、運び出した後で宝物が爆発してしまいました。爆弾は台車に仕《し》掛《か》けられていたのです。AIロボ1号は、台車に爆弾が仕掛けられていることはわかっていましたが、台車ごと宝物を運び出すことによって、爆弾も一緒《いっしょ》に運び出されて爆発してしまう、ということを理解《りかい》していなかったのです。

そこで、改良型のAIロボ2号が作られました。AIロボ2号は、何かをした時に、それに関連してどんなことが起こるかを考えられるようになっていました。

部屋に入ったAIロボ2号は、台車に乗せられた宝物を見つけましたが、そのまま動かなくなり、やがて爆弾が爆発してしまいました。実はAIロボ2号は、「台車ごと宝物を運び出すと、あとで爆弾が爆発するのではないか」、「台車にさわると天井《てんじょう》が落ちてくるのではないか」、「宝物にさわると壁《かべ》の色が変わるのではないか」など、いろいろなことを無限《むげん》に考え続けてしまったのです。確《たし》かに、「台車を動かしたら、爆発するかもしれない」と考えることは必要ですが、「宝物にさわると壁の色が変わるかもしれない」ということは、宝物を運び出すことの妨《さまた》げにはなりません。人間ならそんなことは心配しないのですが、AIロボ2号はそんなことまで考えてしまったために、宝物を運び出す前に爆弾が爆発してしまったのです。

次にAIロボ3号が作られました。「爆弾が爆発する前に、宝物を安全に運び出す」という目的を達成する上で、無関係なことは考えないようにプログラムされていました。しかし、AIロボ3号は、部屋に入る前に動かなくなってしまいました。実はAIロボ3号は、目的を達成する上で無関係なことと、関係のあることは何かを無限に考え続けてしまったのでした。

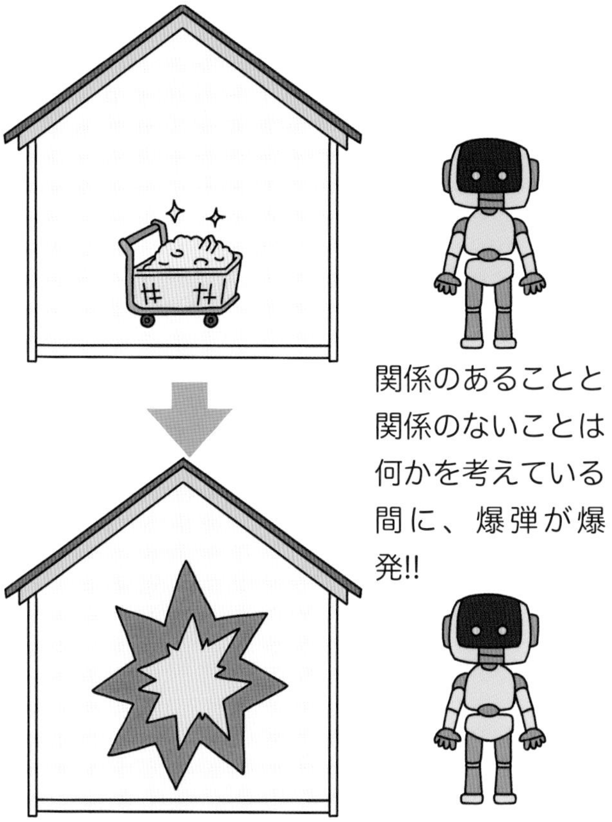

考えるべき事柄《ことがら》の範囲《はんい》（フレーム）が定められていないと、無限《むげん》に考え続けなければならない、のがフレーム問題

わたしたちが生活している世界では、次の瞬間《しゅんかん》にどんなことが起こるかわかりません。ある程度《ていど》は予測《よそく》できることもあれば、まったく予測できないこともあります。

朝、学校へ行くために家を出る際《さい》、空が曇《くも》っていたら、「雨が降《ふ》るかもしれない」と考えて、傘《かさ》を持って行こうかと悩《なや》むこともあります。しかし、心配性《しんぱいしょう》の人は、「地震《じしん》が起こるかもしれない。途中《とちゅう》で火事にあうかもしれない。今日の時間割《じかんわり》は国語と算数と体育だけど、もし急に理科をやるといわれたらどうしよう」などといろいろなことを考えすぎて、なかなか家を出られず、遅刻《ちこく》してしまうかもしれません。

考えようと思えば、考えるべきことは無限《むげん》にあります。しかし、無限にあることを考えていても、何も先に進みません。これがフレーム問題なのです。

AI《エーアイ》は考えるべき範囲《はんい》を決めて、その中で必要なことだけを考えることは得意です。たとえば、囲碁《いご》や将棋《しょうぎ》、オセロといったゲームなどは、ゲームを進める上でのルールが決まっています。このルールが「フレーム（枠組《わくぐ》み）」ということです。決められたルールだけを考えて行動すればよいので、天井《てんじょう》が落ちてくる可能性《かのうせい》など考える必要はありません。考えるべきフレームが決まっているので、AI はどんどん強くなっていったのです。

たとえば、ここで取り上げた「爆弾の仕掛けられた部屋から宝物《たからもの》を運び出す」という課題についても、『爆弾が爆発する前に、宝物を安全に部屋の外に運び出せ。ただし、爆弾が爆発すること以外の危険《きけん》は考えないものとする』というフレームを設定《せってい》していれば、AI ロボたちは安全に宝物を運び出せたかもしれません。

第2章

エキスパートシステムを使ったA《エー》I《アイ》

1 エキスパートシステムを使ったAI《エーアイ》の仕組み

多くの専門家《せんもんか》の知恵《ちえ》を合体

エキスパート（expert）とは、「専門家《せんもんか》、熟練者《じゅくれんしゃ》」を意味する英語で、エキスパートシステムとは、専門家の知恵《ちえ》や知識《ちしき》を活用するためのAI《エーアイ》のシステムのことだといえます。

わたしたちはふだんの生活の中で、体調がすぐれず、病気かもしれないと思ったら、病気や治療《ちりょう》の専門家である医師《いし》の診断《しんだん》を受けたり、治療を受けたりします。また、何かの事《じ》故《こ》や事件《じけん》に巻《ま》きこまれたら、法律《ほうりつ》の専門家である弁護士《べんごし》に相談します。その他、税金《ぜいきん》のことで困《こま》ったら税理士という専門家に相談したり、会社の仕事のことで困ったら、経営《けいえい》コンサルタントという専門家に相談したりします。社会には、さまざまな分野の専門家がいて、その分野のことに詳《くわ》しく、困ったことが起きた時に、どのように解決《かいけつ》すればよいのかということについても豊富《ほうふ》な経験をもっていたりします。

エキスパートシステムとは、こうしたさまざまな分野の専門家がもっている専門知識や問題が起こった時の解決方法などを、できるだけたくさんコンピューターにためこんで、人間が問題を投げかければ、それに対して答えを返してくれるというAIです。

いってみれば、特定分野のたくさんの専門家の頭の中にある知恵や知識を移《うつ》しかえたようなAIだといえます。

どうやって、専門家《せんもんか》の知恵《ちえ》や知識《ちしき》を活用するのか

エキスパートシステムの中には、専門家《せんもんか》の知恵《ちえ》や知識《ちしき》を集めたデータベースというものがあります。専門家の知恵とは、「こんな場合には、こうする」という、ルールのようなものです。たとえば、「せきが出るという症《しょう》状《じょう》があったら、風邪《かぜ》を疑《うたが》う」というようなものです。一方で知識とは、「風邪のおもな症状には、発熱、せき、がある」というものです。これらを区別して、知恵を集めたものをルールベースとも呼《よ》びます。いずれにしろ、専門家のもつ知恵や知識を可能《かのう》な限《かぎ》り集めておくのです。

エキスパートシステムでは、専門家から教えてもらったことを、たとえば「もし、37度以上の発熱があって、せきも出ているならば、風邪である」というような形で情報《じょうほう》がまとめられています。

人間が、「病気かどうか診断《しんだん》して」とエキスパートシステムにお願いすると、「熱は37度以上ありますか」と質問《しつもん》します。この質問に人間が「はい」と答えると次に「せきは出ますか」と質問します。人間が「はい」と答えると、エキスパートシステムがもっている「もし、37度以上の発熱があって、せきも出ているならば、風邪である」という情報に照らし合わせて、「あなたは風邪です」と診断してくれるのです。

エキスパートシステムの答えは、正解《せいかい》である確率《かくりつ》が高い答えにすぎない

しかし、注意しなければならないのは、エキスパートシステムによって導《みちび》き出される答えは、必ずしも正解《せいかい》ではない、という点です。

これまで専門家《せんもんか》たちが経験《けいけん》したことや、明らかな事実に基《もと》づいた情報《じょうほう》がたくさん集められているとはいっても、100% 確実《かくじつ》な答えを出せるとは限《かぎ》らないのです。

たとえば、“37 度以上の熱が出て、せきも出る ” 病気は、風邪《かぜ》以外にもたくさんあり、「100% 風邪です」と言い切ることは難《むずか》しいのです。

機械学習などでもそうですが、AI《エーアイ》が出す答えは「これが正解である確率《かくりつ》が 90% です」という、“ 正解である確率が高い答え ” にすぎないのです。

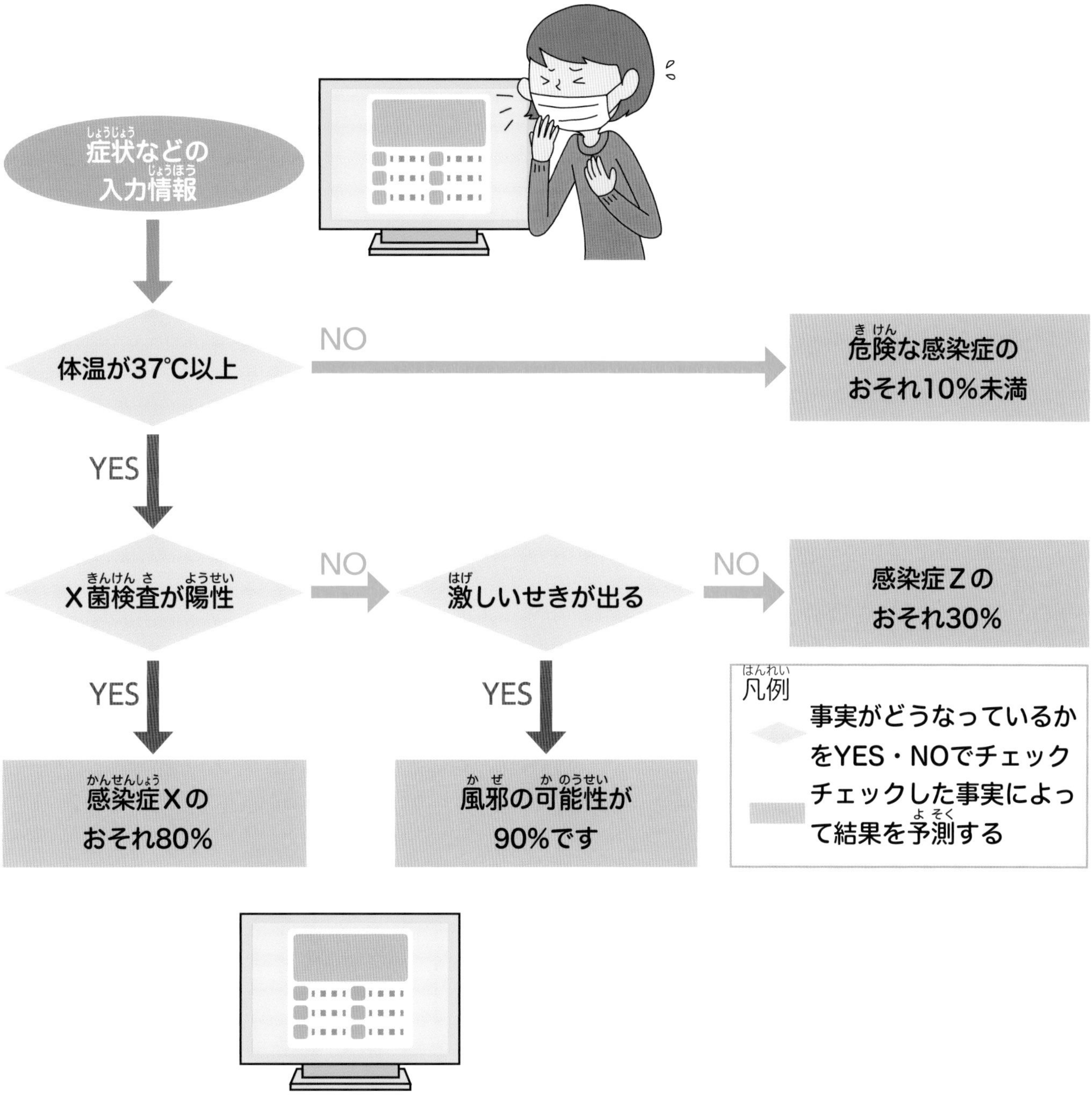

2 エキスパートシステムを使ったAI《エーアイ》の実例

いろいろな分野のエキスパートシステムがある

エキスパートシステムは、現在《げんざい》では、いろいろなところで応用《おうよう》され、活用されています。というよりも、インターネットが高度に発達したことで、現在において、より活用されやすくなったともいえます。

もともと、エキスパートシステムが考えられるようになったのは、第2次AI《エーアイ》ブームの時で1970年代のことです。そして1980年代にかけて実用化が進みましたが、たくさんの専門家《せんもんか》から、たくさんの知識《ちしき》をもらってデータベースに取りこむことがとても大変だったために、十分に活用される前に、第2次AIブームは終わってしまいます。

しかし、インターネット上にたくさんの情《じょう》報《ほう》がのせられるようになったことで、データベースを作る作業が、以前に比《くら》べて簡単《かんたん》になったのです。

そこで、エキスパートシステムがよりいろいろな分野で活用されるようになりました。

これまでの説明で例としてあげた医療《いりょう》分野はもちろん、金融《きんゆう》サービスや製造業《せいぞうぎょう》などにも活用されるようになり、さらには、料理やゲームの世界でも活用されるようになったのです。

さまざまな分野の専門家《せんもんか》たち

食材から、料理を提案《ていあん》してくれるシェフ・ワトソン

アメリカのIBM《アイビーエム》という会社は、積極的にAI《エーアイ》を開発しています。IBMが開発したAIに「ワトソン（Watson）」というものがあります。ワトソンはすでにいろいろな場面で実用化されていますが、その中の1つに「シェフ・ワトソン」というものがあります。料理の作り方に関するAIです。

使い方は簡単《かんたん》です。まずシェフ・ワトソンに、使いたい食材と使いたくない食材、さらにどんな料理を作りたいのか、という情報《じょうほう》を入力します。たとえば、使いたい食材に「牛肉」と入力し、使いたくない食材に「ピーマン」などと入力します。さらにどんな料理がいいのかというところには「フランス料理」とか「パスタ料理」など、好みのものを入力します。

こうして入力された情報に基《もと》づき、シェフ・ワトソンは、たくさんの料理情報の中から、条件《じょうけん》に合った料理とその作り方を表示《ひょうじ》してくれるのです。

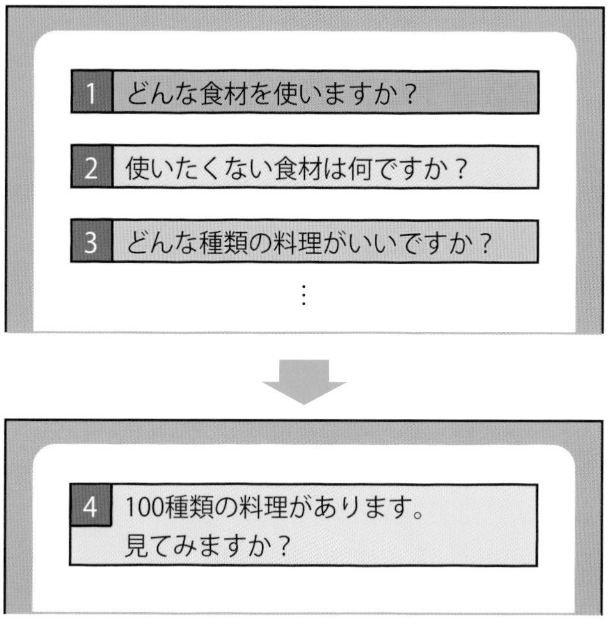

野球ゲームにもエキスパートシステムが使われている

アメリカでは、コンピューター野球ゲームにもエキスパートシステムが使われたことがあります。その野球ゲームでは、メジャーリーグの実在《じつざい》の有名野球監督《かんとく》の知恵《ちえ》や知識《ちしき》をエキスパートシステムとしてゲームに取りこんでいます。

そのエキスパートシステムには、たとえば、どの打者に対してどんな投球をするべきか、塁上《るいじょう》にランナーがいる場合、どんなタイミングで牽制球《けんせいきゅう》を投げるのか、といったことまで詳《くわ》しく、監督のやり方を情報《じょうほう》として取りこんでいます。

ゲームプレーヤーは、そのゲームの中で、有名な監督と対戦することができるわけです。もちろん実際《じっさい》には、コンピューターとの対戦なのですが。

コラム

インターネット通販《つうはん》の「おすすめ」にもAI《エーアイ》が使われている

インターネット通販《つうはん》でよく見る「おすすめ」

インターネット通販《つうはん》のホームページはたくさんありますが、最近では、インターネット通販のホームページで、ある商品を買おうとすると、「この商品を買った人は、こんな商品も買っています」と表示《ひょうじ》されることがあります。

これはレコメンドといわれます。レコメンドとは「おすすめする」ことです。インターネット通販では、よりたくさん買ってもらいたいので、ある商品を買おうとした時に、違《ちが》う商品もおすすめして、一緒《いっしょ》に買ってもらおうとするのです。

AI《エーアイ》を活用して、おすすめ商品を選んでいる

インターネット通販《つうはん》の会社では、誰《だれ》がどんなものを買ったのかという情報《じょうほう》はすべて記録されていることがほとんどです。

インターネット通販の会社は、その記録を使って、A という商品を買った人が、A 以外にどんな商品を買ったかを調べて、A を買った人の多くが B 商品も買っていることがわかれば、今 A 商品を買おうとしている人は、B 商品も買いたいと思うかもしれない、と分析《ぶんせき》して、「B 商品も買いませんか」とすすめてくれるのです。

インターネット通販の会社には、何万人、何百万人というたくさんの利用者がいます。その人たちが何回もそこで買い物をしていると、その情報はとても大量になり、人間がそれを見て、誰に何をすすめるかを分析するのは、とても大変です。

そこで、AI を使って、大量のデータを読みこみ、「誰に（どんな商品を買った人に）、何をすすめるべきか」を判断《はんだん》しているのです。

第3章

機械学習を使ったA《エー》I《アイ》

1 機械学習の仕組み

機械学習って、どんなもの？

機械学習とは、その名の通り、機械が自ら学習することです。ここでいう機械とはAI《エーアイ》そのものです。そして学習とは、AIが求められた答えの確《たし》からしさをより高めることを意味しています。

つまり、AI自身がなんらかの方法で、AI自身の性能《せいのう》をより高めていくことが“学習”することであり、そのための方法が機械学習なのです。

機械学習の方法は1つじゃない

ひとくちに機械学習といっても、具体的な学習方法は1つではありません。いろいろな学習方法があります。

たとえば、教師《きょうし》あり学習・教師なし学習・統計的《とうけいてき》機械学習・強化学習などです。さらに、次の章で取り上げるディープラーニングも、機械学習の1つの方法なのです。

どれも機械学習であることは間違《まちが》いないのですが、どうやって学習するか、という点が異《こと》なっています。

教師あり学習の場合は、AI《エーアイ》を作る最初の段階《だんかい》で、いくつかの正解《せいかい》をあたえておきます。この、最初にあたえられる正解が、教師と呼ばれているのです。

これに対して、教師なし学習というのは、最初に正解があたえられていない状態《じょうたい》で、AI自身が、新しく入力された情報《じょうほう》のどこに注目すれば正解にたどり着くことができるのかを考え出すという学習の方法をとります。

ここからは、いくつかある機械学習の中でも、特に重要な「教師あり学習」と「教師なし学習」を取り上げて、具体的に見ていくことにしましょう。

教師《きょうし》あり学習

教師《きょうし》あり学習の場合には、AI《エーアイ》に学習させたいテーマに合わせて、学習のもととなるデータと、個々のデータの答えがあたえられます。

いろいろな犬と猫《ねこ》の画像《がぞう》を見て、どれが犬で、どれが猫なのかを判断《はんだん》するための AI を作るという場合を例にして見ていきましょう。

①まずは学習用のデータとして、たくさんの犬の画像と猫の画像を入力します。この時、それぞれの画像が、犬なのか、猫なのかという答え（正解《せいかい》）をセットにして入力していきます。

②正解がわかっている画像をたくさん読みこんだ AI は、「犬」の画像に共通する特徴は何か、「猫」の画像に共通する特徴は何か、ということを自分で学習します。

たとえば、耳の形という特徴は、犬も猫も同じだとすると、耳の形には違《ちが》いはないと AI《エーアイ》は判断します。そして、口元という特徴に注目し、犬と猫では口元の形が異《こと》なるということを発見すると、その違いに基《もと》づいて、写真を分類するようになります。このようにして、AI は画像を細かく観察し、画像のどの部分に違いがあるのかを判断できるようになるのです。

③学習は、以上で終了《しゅうりょう》です。そしていよいよ、実際《じっさい》に AI を活用することになります。学習で使用した画像にはない、新しい「犬」または「猫」の写真を AI に入力して、「犬か猫か判断せよ」と命令すると、AI は、正解つきで読みこみ、どこに特徴があるかがわかっている学習データと、新しく読みこまれた画像データを比較《ひかく》して、犬と猫のどちらの画像により近いか（どちらの特徴に当てはまるか）、を判断するのです。ここで、AI は画《が》像《ぞう》の「特徴《とくちょう》」を元にして、違《ちが》いを見つけていく点に注目して下さい。「統計《とうけい》的機械学習」では、この特徴は人間が AI に入力しますが、ディープラーニングでは、この特徴自体も AI が学習できるのです。

教師《きょうし》なし学習

AI《エーアイ》 に学習させたいテーマに合わせて、学習のもととなるデータを入力するのは、「教《きょう》師《し》あり学習」と同じです。

ただし、教師なし学習の場合、入力されたデータ（例でいえば、犬と猫《ねこ》の画像《がぞう》）には、それが犬なのか、猫なのかの正解《せいかい》はついていません。誰《だれ》も、その画像が犬なのか猫なのか教えてくれないので、教師“なし”学習です。

答えがわからない中で、AI はどうやって、何を学習するのでしょうか。実は、やることは教師あり学習とそれほど変わりません。

まずは、入力された画像について、どんな特徴《とくちょう》があるのかを調べます。耳の形や目の形、口元など、教師あり学習と同じように、入力された画像すべてを、特徴《とくちょう》が似《に》ているものでグループを作ります。これをクラスタリングと呼《よ》びます。クラスタリングとは、クラスター（＝グループ）に分けるという意味です。クラスターというのは、ブドウの房《ふさ》のようないくつもの粒《つぶ》のまとまりのことです。似《に》たもの同士をまとめるのです。

もともと正解としての「犬」や「猫」というラベルがないので、AI には、それが犬のクラスターなのか、猫のクラスターなのかはわかりません。ですから、（あくまでたとえですが、）A グループ、B グループという分け方になります。でも、そのグループ（クラスター）は、一方は「犬」で、もう一方は「猫」です。

こうした AI 自身が入力された学習データの分類を完了《かんりょう》します。分類が完了したら、新しい犬（または猫）の画像が入力された時に、「犬（A グループ）なのか、猫（B グループ）なのか、分けなさい」と命令すると、AI は、その画像が犬に近いのか、猫に近いのかを判《はん》断《だん》し、「これは A グループ（犬）です」と答えを返してくれるのです。

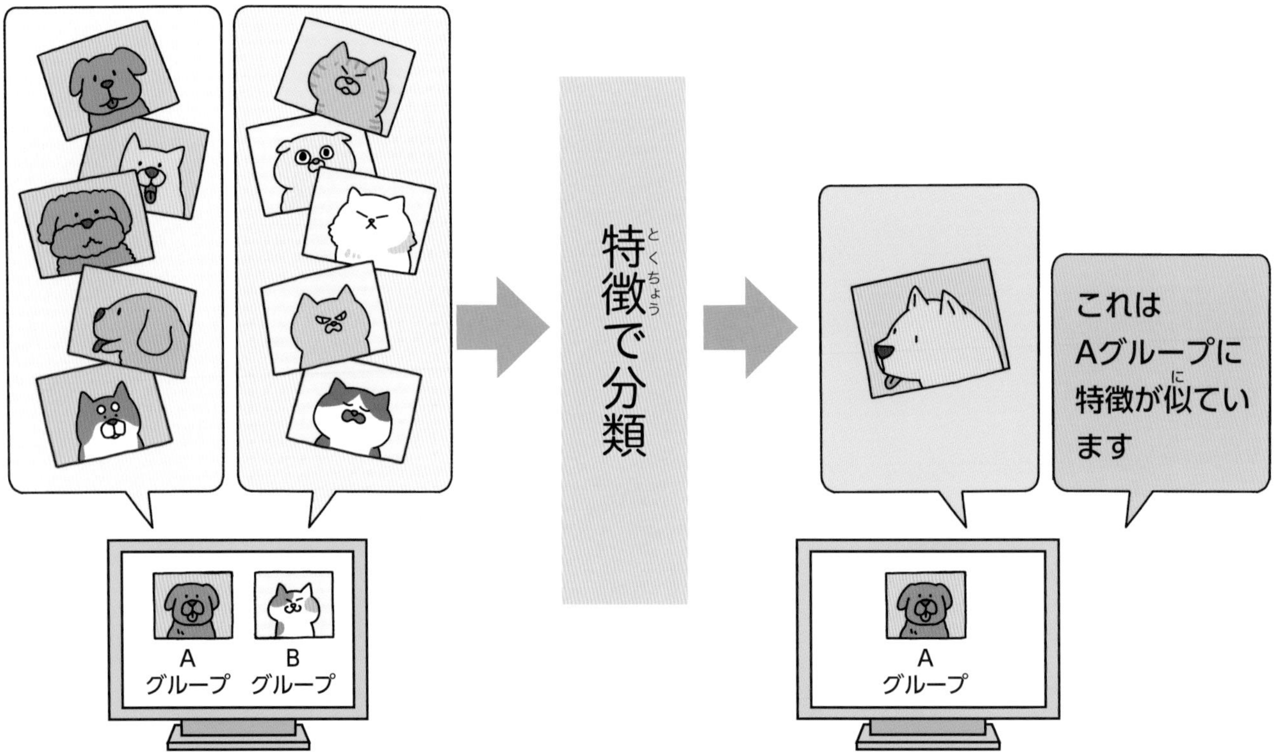

教師《きょうし》あり学習と教師なし学習の違《ちが》いを整理

教師《きょうし》あり学習と教師なし学習をまとめると……。

AI《エーアイ》（人工知能《ちのう》）

機械学習・統計的《とうけいてき》機械学習・強化学習

ディープラーニング

学習用データ

教師あり学習

学習するためのデータが正解《せいかい》か不正解かがわかっているのが、「教師あり学習」

犬と猫《ねこ》の画像《がぞう》を分けるような「画像認《にん》識《しき》」、過去《かこ》の売上実《うりあげじっ》績《せき》データを学習して、将来《しょうらい》の売上予測《よそく》をするような時に活用できる。

学習用データ

教師なし学習

学習するためのデータが正解か不正解かがわからない時にクラスタリングするのが、「教師なし学習」

スーパーなどで、“どんな商品とどんな商品が一緒《いっしょ》に買われるか”というような、正解が何かわからない時のデータ分《ぶん》析《せき》などに活用できる。

2 機械学習を活用するポイント

機械学習を有効《ゆうこう》活用するポイント

教師《きょうし》あり学習でも、教師なし学習でも、AI《エーアイ》により正しい判断《はんだん》をさせるためには、できるだけたくさんの学習用データをあたえることがポイントになります。

たとえば、犬の写真5枚《まい》と、猫《ねこ》の写真5枚で、合計10枚の写真しかあたえなかった場合と、犬の写真1万枚、猫の写真1万枚で、合計2万枚の写真をあたえた場合では、AIが作り出すルールの細かさが違《ちが》ってきます。もちろん、2万枚の学習データを使った場合のほうが、より正確《せいかく》に犬と猫を判断《はんだん》できるようになるのです。

機械学習でアイスクリームの販売数《はんばいすう》を予測《よそく》する

気温が上がると、アイスクリームはたくさん売れるということについて、機械学習を使って、気温が何度の時に、アイスクリームがどれくらい売れるかを予測《よそく》するAI《エーアイ》を作ってみましょう。

入力する学習用データは、過去《かこ》の気温データとアイスクリームの販売数《はんばいすう》のデータです。

この表を見てわかるように、気温が何度の時に、アイスクリームが何個《なんこ》売れたかがわかっているので、これは教師《きょうし》あり学習ということになります。

気温とアイスクリームの販売数でグラフを作ると、P.33のグラフのようになります。

	3月1日	4月1日	5月1日	6月1日	7月1日	8月1日
気温	10度	13度	17度	22度	26度	29度
販売数《はんばいすう》	30個《こ》	35個	40個	45個	52個	55個

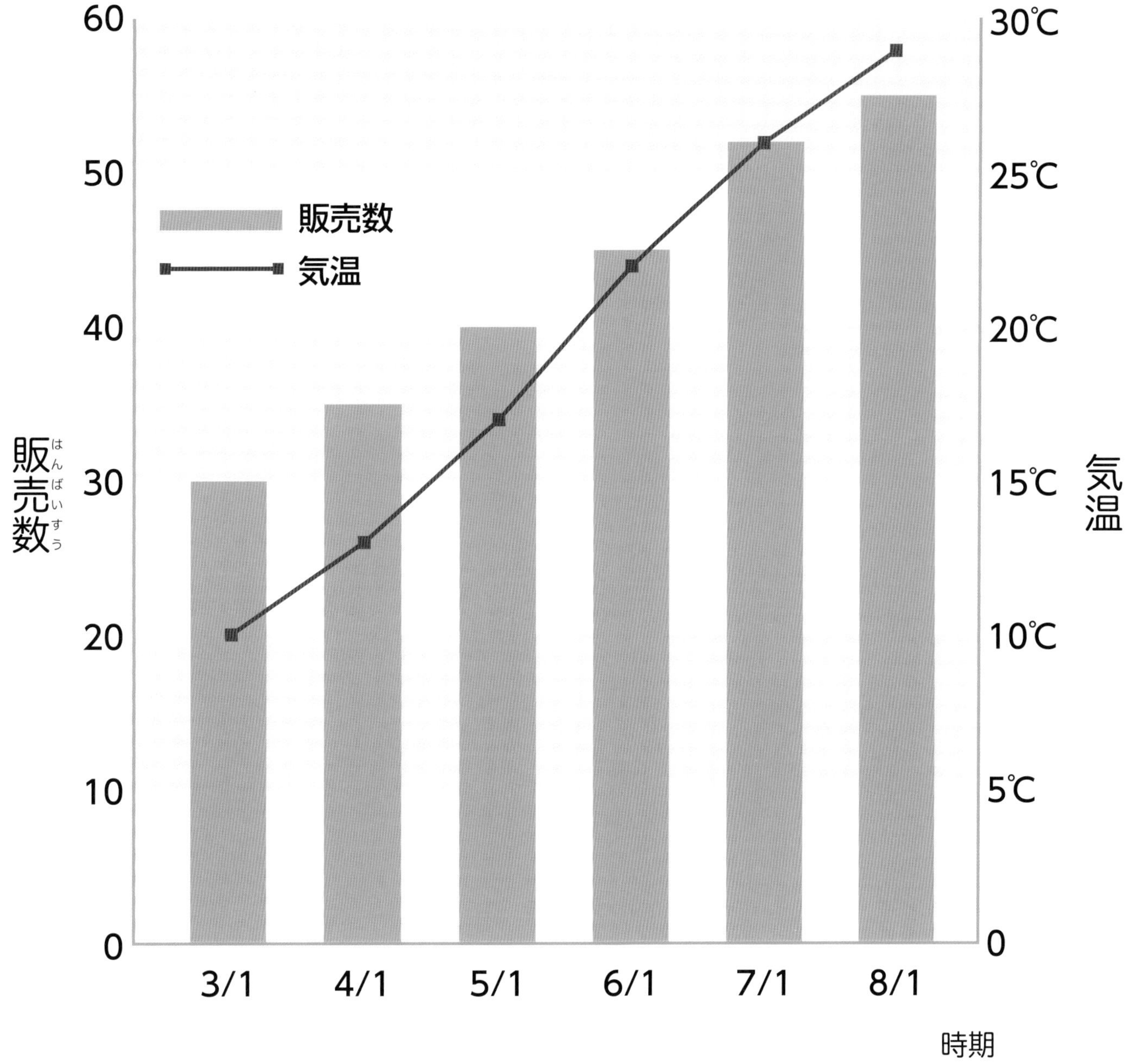

AIは、こうして入力された学習用データを使って、気温とアイスクリームの販売数の関係性《かんけいせい》を計算式でルール化します。この計算式をグラフの上に直線で表現《ひょうげん》すると、右肩《みぎかた》上がり直線で表されます。

これを見て、「気温が32度になると、58個くらい売れそうだ」という予測ができるようになるのです。

ここでは、アイスクリームの販売数をどうやって予測するのかを単純《たんじゅん》に説明しましたが、実際《じっさい》にAIを使って販売予測をする場合には、気温との関係だけでなく、湿度《しつど》や天気、近くの小学校で運動会があるなどの地域《ちいき》の行事予定など、いろいろなデータを使って予測が行われます。いろいろなデータに、それぞれの重みづけを変えるなどして、より正確《せいかく》に予測できるようにするので、人間が計算していたのでは、とても時間がかかってしまいます。AIを活用することで、より正確に、より素早《すばや》くこうした予測ができるようになるのです。

3 機械学習を使ったAI《エーアイ》の実例

機械学習が、現在《げんざい》のAI《エーアイ》開発をひっぱっている

これまでに２回あったAI《エーアイ》ブームは、限《かぎ》られた課題しか解決《かいけつ》できなかったり、開発にたくさんの情報収集《じょうほうしゅうしゅう》などが必要であったりしたために、それほど長続きせずに終わってしまいました。しかし現在《げんざい》の第３次AIブームは、2010年頃《ころ》から始まって、いまだにブームが続いています。たくさんの人たちが、AIの利用について大きな期待をもっている状況《じょうきょう》でもあり、実際《じっさい》に世界中のあちこちで、AIを使った新しい仕組みなどが開発され、実用化されています。これからは、AIが当たり前に使われる時代になっていくことでしょう。

そして、そうした状況を生み出しているのは、機械学習という、AIの性能《せいのう》をこれまで以上に高める方法が使えるようになったからだといわれています。

機械学習は応用範囲《おうようはんい》が広く、現在のAIでは多くの場面で活用されています。

機械学習が実際《じっさい》に使われている場面

機械学習は、いろいろなAI《エーアイ》で使われていますが、いくつかを取り上げてみます。

■顔を区別する

人物が写っている写真画像《がぞう》の中から、顔の部分を分析《ぶんせき》して、たくさんの写真画像の中から、人物ごとに写っている写真画像をまとめることができます。スマートフォンの中には、この機能を活用しているものがいくつかあります。また、デジタルカメラの中にも、この機能《きのう》が使えるものがあります。

さらに、空港での入出国審査《しんさ》やコンサートの入場での本人確認《かくにん》でも使われています。

■人と上手《じょうず》に会話する

人間の言葉を理解《りかい》して、こちらからの問いかけに、答えを返してくれるAI《エーアイ》があります。いくつかのスマートフォンに使われています。「この近くにあるハンバーガーショップを教えて」と話しかけると、「ここにあります」といくつかのハンバーガーショップを教えてくれます。人間の言葉を理解する部分でも機械学習によって、より正しく聞き取れるようになっていますし、どんな答えを返すべきかということについても機械学習によって、より適切《てきせつ》な答えを出せるようになっています。

■手書きの数字を読み取る

人間が書いた数字を正しく読み取ることができます。手書きの文字は、人によってクセがあります。中には「6」なのか「8」なのか、人間が見てもわかりにくい手書き文字があったりします。AI《エーアイ》は、機械学習で、いろいろなクセのある数字を学習し、より正しく数字を読み取れるようになっています。

暮らしにも役立つ機械学習

これまで取り上げた機械学習の実例は、わたしたちの暮《く》らしの中で、よく使われるものばかりでした。しかし、AI《エーアイ》の機械学習が活用されているのは、ふだんの暮らしの中で使うものばかりではありません。わたしたちが知らない分野で社会の役に立っている使われ方もたくさんあります。

たとえば、迷惑《めいわく》メールと、そうでないメールを分類することにも使われています。また、万が一、クレジットカードが盗《ぬす》まれて、他人に使われてしまったような場合も、これまでの本人の利用状況《じょうきょう》を分析《ぶんせき》して、「これまでと違《ちが》った使われ方をしている」ことを発見し、「盗まれて、不正に使われている可能性《かのうせい》が高い」ことを教えてくれたりもします。

その他にもたくさんの実用化の例があり、機械学習は現在《げんざい》のAIに発展《はってん》に大きく役立っているのです。

コラム

使えば使うほど、より正確《せいかく》になるのが機械学習

経験《けいけん》が正確《せいかく》さを高める

機械学習は、学習すべきデータが多くなればなるほど、より正確《せいかく》な答えを返せるようになります。

たとえば、犬か猫《ねこ》かを判断《はんだん》するAI《エーアイ》の場合、最初の学習データとして1万枚《まい》の画像《がぞう》を使って学習したAIと、10万枚の画像を使って学習したAIでは、10万枚の画像を使って学習したAIのほうが、あきらかに正確性《せいかくせい》が高まります。

また、実際《じっさい》にそのAIを活用していくことで、AIは新たな学習データを手に入れることになります。最初に1万枚の画像しか学習していないAIは、はじめのうちは、間《ま》違《ちが》った判断をすることもあります。「犬」の画像なのに「これは猫です」と判断したり、逆《ぎゃく》に「猫」の画像なのに、「これは犬です」と判断してしまったりします。

このように間違った判断をした時に、「これは犬ではなく猫だ」ということをAIに教えることで、AIは自ら、自分の判断の拠《よ》り所《どころ》を修正《しゅうせい》するのです。

実際《じっさい》の会話を通じて、より人間らしくなる「りんな」

日本マイクロソフトが開発した「りんな」という会話ボットがあります。会話ボットというのは、“会話することができるロボット”だと考えればよいでしょう。「りんな」はロボットとはいっても体はなく、LINE《ライン》というネット上の仕組みとして存在しています。

誰《だれ》かがLINE上で、「りんな」と友だちになると、「りんな」と会話することができます。実際《じっさい》に「りんな」と会話をしてみるとわかりますが、そのやりとりは、本当に存在《そんざい》する人間と会話しているかのように自然です。

「りんな」が人間のように会話ができるのは、機械学習を活用しているからです。最初の段《だん》階《かい》で、インターネット上にあるたくさんの情《じょう》報《ほう》をインプットして、どんな問いかけに対してどんな答えを返すべきか、とてもたくさん用意されています。さらにその後は、実際の会話を通して、どんな質問《しつもん》にどう答えるのがいいのかを、どんどん学習していくのです。

第4章

ディープラーニングを使ったA《エー》I《アイ》

1 ニューラルネットワーク

脳《のう》の仕組みを真似《まね》したニューラルネットワーク

この章で取り上げるディープラーニングは、機械学習の中の1つの種類です。そして、ディープラーニングが“学習”できる仕組みは、ニューラルネットワークという考え方に基《もと》づいています。

ニューラルネットワークというのは、脳《のう》の仕組みの1つである神経細胞《しんけいさいぼう》のつながりと、そのつながりによって行われている、脳の中での情報《じょうほう》のやりとりの仕組みを真似《まね》するための考え方のことです。

人間の脳の中には、ニューロンという神経細胞がたくさんあり、それぞれが網《あみ》の目のようにつながりをもっています。たとえば、目から入ってきた情報（見ているもの）は、一次視覚野《しかくや》といわれる脳内の“見ているものを理解《りかい》するための場所”に送られ、いくつものニューロンを通って、最後には何を見ているかが理解されます。

ニューラルネットワークというのは、こうした脳の仕組みをコンピューターのプログラムにして活用するための考え方なのです。

目で見たものの情報《じょうほう》はここ（一次視覚野《しかくや》）に送られニューロン（神経細胞《しんけいさいぼう》）を伝わって、具体的に理解《りかい》される。

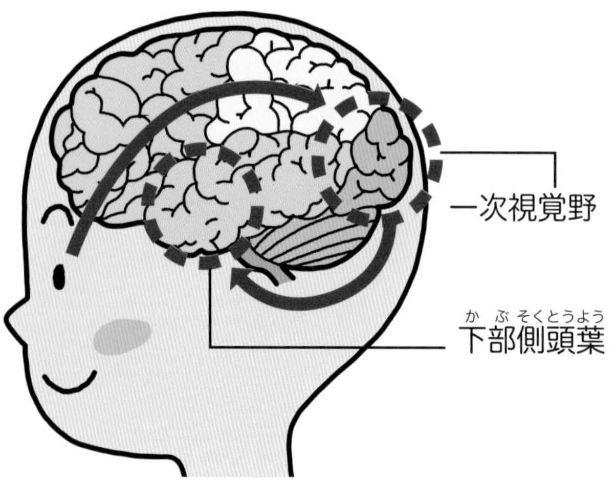

脳《のう》はどうやって見たものを理解《りかい》するのか

たとえば、目の前にリンゴがあって、それを見たわたしたちは「リンゴだ」とわかります。この仕組みは、次のようなものです。

まず目で見たリンゴは、一次視覚野《しかくや》という場所に送られます。そこで、いくつものニューロンの間を情報《じょうほう》が伝達されます。そして最後には脳内《のうない》の下部側頭葉《かぶそくとうよう》皮質《ひしつ》といわれる場所で「リンゴ」として理解されるのです。

ニューロンの先っぽには、シナプスというものがあり、別のニューロンとつながっています（つながっているとはいっても、実は少しだけすきまがあります）。伝えるべき情報の重要性《じゅうようせい》によって、このシナプスは太くなったり、細くなったりします。太いシナプスを通る情報は重要だと判断《はんだん》されるのです。

脳の仕組みとニューラルネットワークについては、第3巻でより詳《くわ》しく説明していますので、そちらもぜひ読んでください。

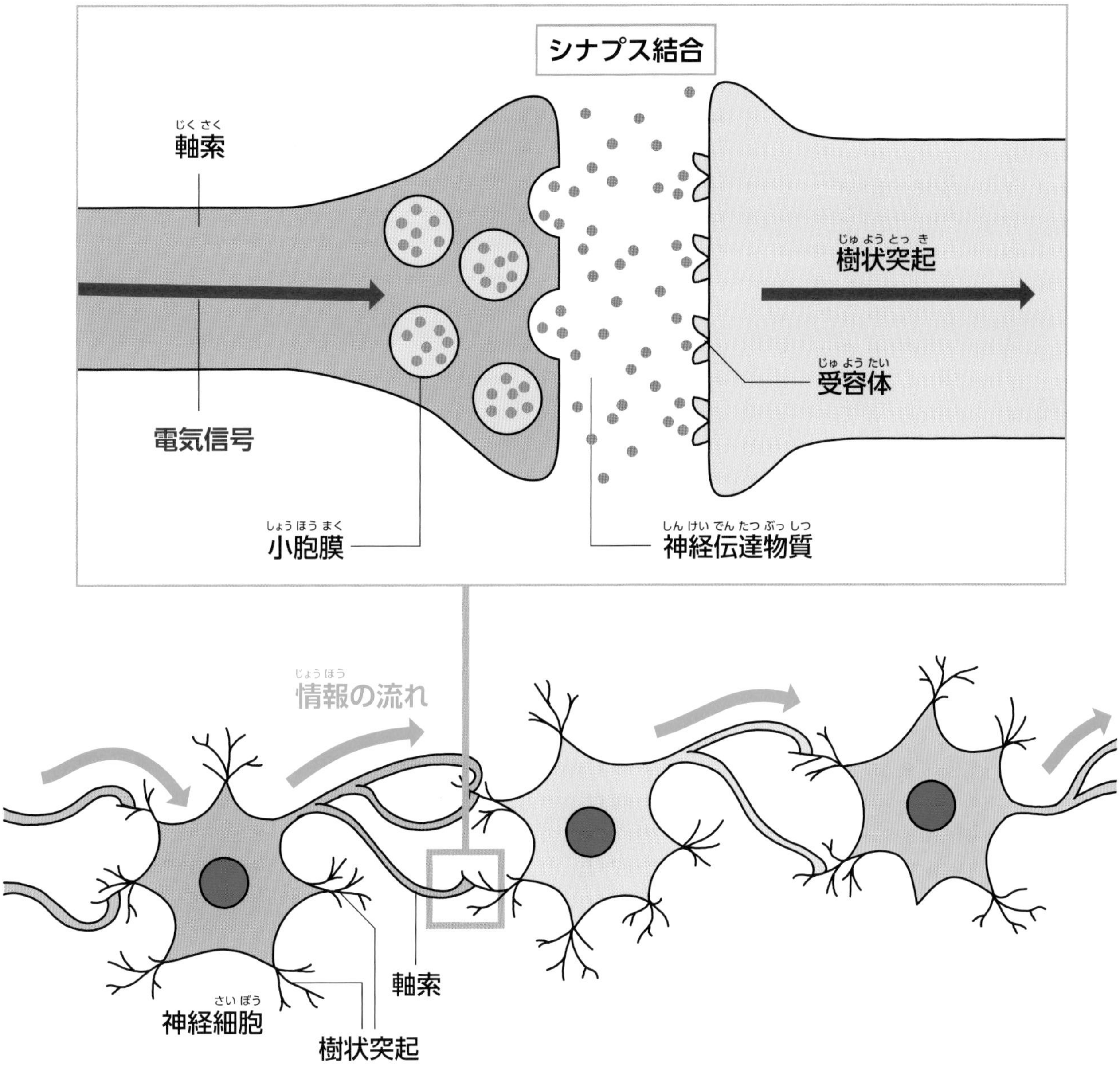
シナプス結合
軸索《じくさく》
電気信号
小胞膜《しょうほうまく》
神経伝達物質《しんけいでんたつぶっしつ》
樹状突起《じゅようとっき》
受容体《じゅようたい》
情報《じょうほう》の流れ
軸索
神経細胞《さいぼう》
樹状突起

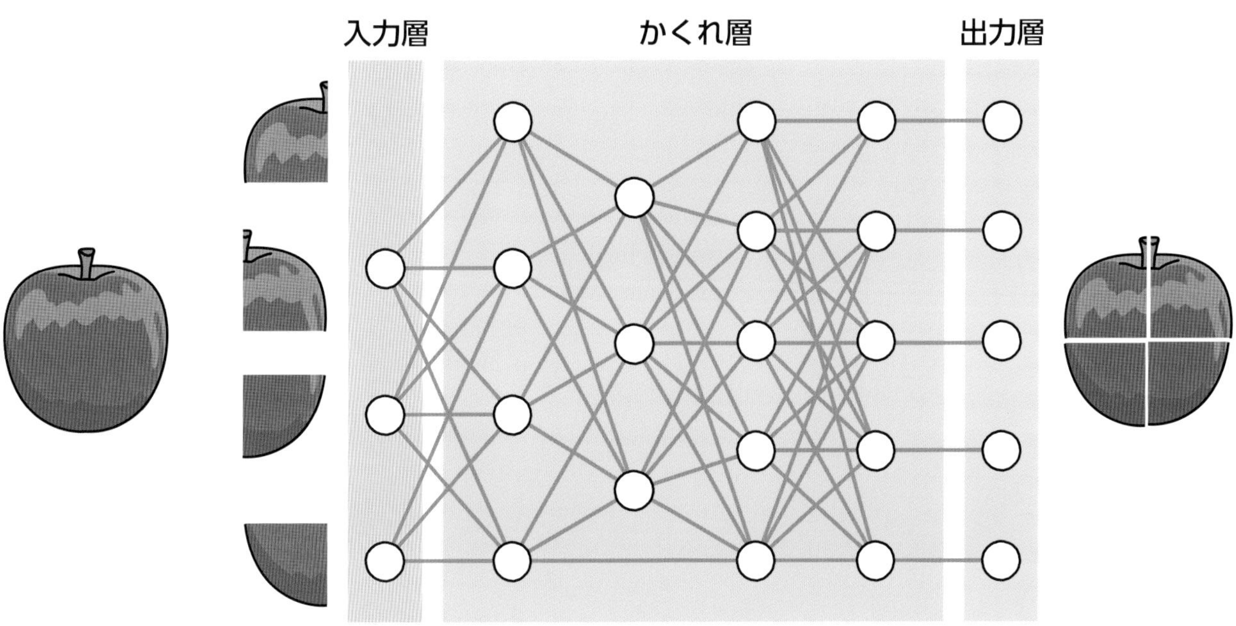
入力層
かくれ層
出力層

2 ディープラーニングの仕組み

ニューラルネットワークは、情報《じょうほう》が神経《しんけい》を伝達する仕組みを真《ま》似《ね》ている

ニューラルネットワークは、脳《のう》の中で、情《じょう》報《ほう》が神経《しんけい》を伝達されていく仕組みをモデル化したものです。

AI《エーアイ》にリンゴの画像《がぞう》を見せて、それがリンゴであることを判断《はんだん》させるために、「色」や「形」、「表面の模様《もよう》」など、特徴《とくちょう》として注目すべき情報に分解《ぶんかい》して、1つひとつについて「リンゴ」らしいかどうかを判断させるのです。「色」が重要だということであれば、「重みづけ」といって、その点を重要視《じゅうようし》するようにします。脳の中で、重要な情報を伝達するシナプスが太くなるのと同じです。このようにして、分解した情報のどこに重みづけすれば、正しくリンゴだとわかるかを、実際《じっさい》の作業を通して、AI自身が自分で調整していきます。これがディープラーニングにおける“学習”なのです。

犬と猫《ねこ》を区別するディープラーニング

教師《きょうし》あり学習・教師なし学習のところでも、犬と猫《ねこ》を分類する例で説明したので、ここでも犬と猫を分類する例で説明しましょう。

ふだん、わたしたちは簡単《かんたん》に「犬」と「猫」を区別しています。わたしたちは犬と猫を見た目で区別する時に、頭の中でどんな違《ちが》いがあるかをいちいち確認《かくにん》・判断《はんだん》したりはしていません。

しかし、これは頭の中で言葉に表していないというだけで、脳《のう》はきちんと微妙《びみょう》な違いを見つけているのです。

目の位置や鼻の形、爪《つめ》の形や位置など、自分では意識《いしき》していないだけで、実はいろいろな特徴《とくちょう》を短い時間の中で、順番に判断していると考えられています。

たとえば、犬の写真（猫の写真でも）を見た時に、まず最初に目の位置を確認して、犬っぽいか、猫っぽいかを判断し、その判断をもとにして次に鼻の位置を確認して、犬っぽいか猫っぽいかの判断をより正確《せいかく》にします。そしてさらに、第3段階《だんかい》で違う特徴を判断し、さらに第4段階で判断し、ということを何回も繰《く》り返《かえ》して、最終的に「これは犬（猫）だ」と判断するのです。

ニューラルネットワークは、このように何段階にも分かれて行われている「犬か猫か」の判断手順を真《ま》似《ね》しているのです。

そして、そのニューラルネットワークの仕組みを、ディープラーニングという方法で、AI《エーアイ》に組みこんでいるのです。

そして、かくれ層が4層から5層以上ある複雑《ふくざつ》なニューラルネットワークのことを「ディープラーニング」と呼《よ》びます。複雑なかくれ層によって、より難《むずか》しい分類を学習でき、さらには「特徴《とくちょう》」自体も学習できるというメリットがあります。

ニューラルネットワークの仕組みを利用した
ディープラーニングは、人間の脳《のう》のように考える!?

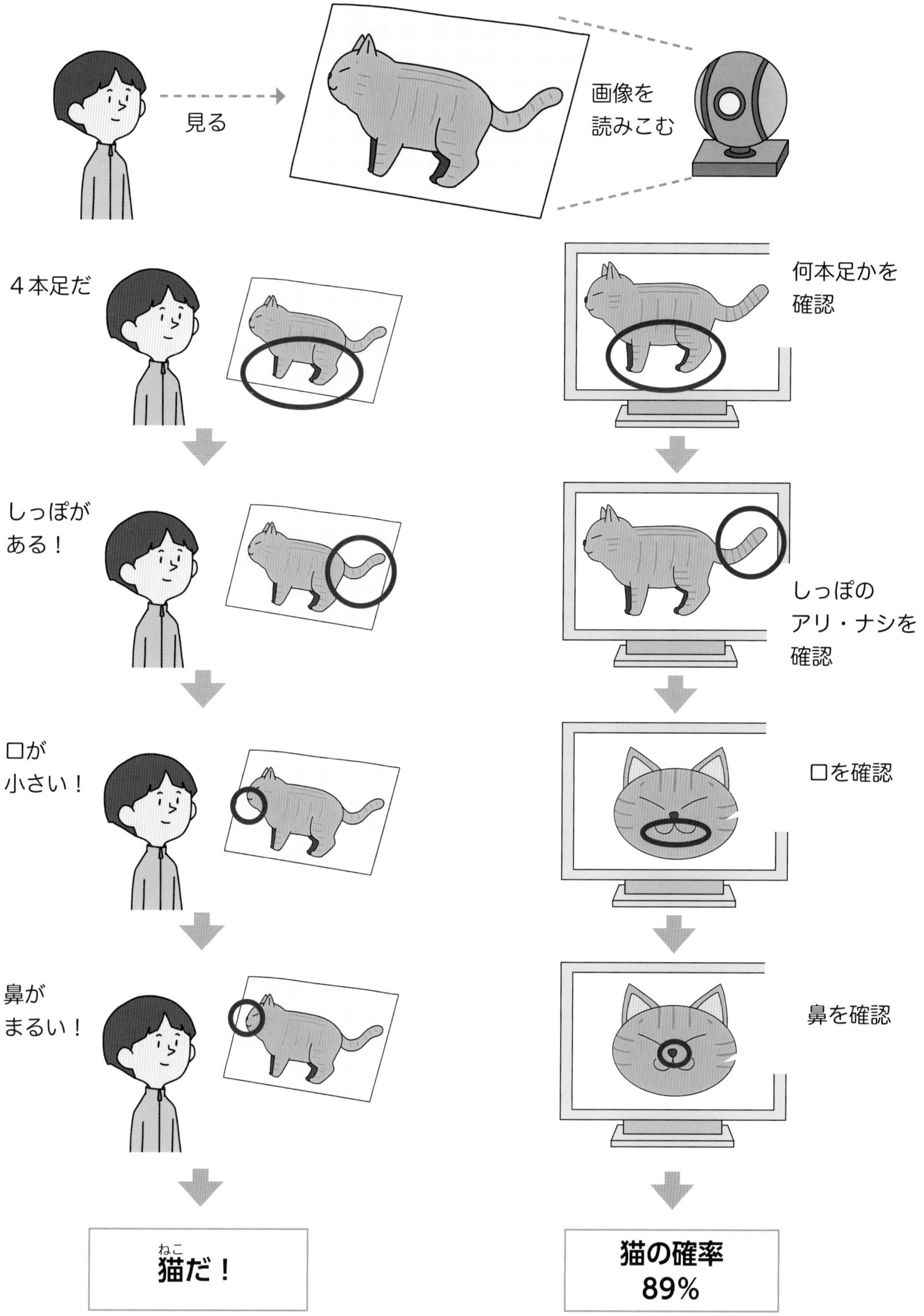

3 ディープラーニングを使ったAI《エーアイ》の実例

AI《エーアイ》の最前線で活用されているディープラーニング

最近のAI《エーアイ》開発においては、ディープラーニングが中心的な役割《やくわり》を果たしています。つまり、いま開発されているいろいろなAIに、ディープラーニングが活用されるようになってきているということです。そして、さらに最先端《さいせんたん》の一部では、統計《とうけい》的機械学習がディープラーニングを超《こ》える性能《せいのう》を示《しめ》しています。

たとえば、AI開発がはじまった頃《ころ》のボードゲーム用のAIには、推論《すいろん》や探索《たんさく》などが活用されていましたが、最近ではディープラーニングを活用するようになっています。将棋《しょうぎ》や囲碁《いご》といったゲーム用のAIは、ディープラーニングを活用することによって、プロを打ち負かすほど強くなったのです。

ディープラーニングの活用の範囲《はんい》はとても広く、最近では、自動運転車が車線を判別《はんべつ》したり、車の前に飛び出してきた人間などを判別することにも使われますし、スマートフォンが音声で話しかけられると、それに答えたりするのにも、ディープラーニングが使われています。

ディープラーニングを使ったAIにどんなものがあるのか、見ていくことにしましょう。

ボードゲームはディープラーニングで強くなった

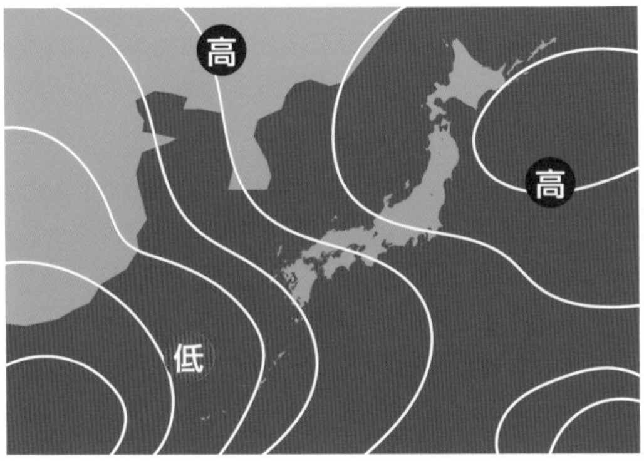

気象予測《よそく》はディープラーニングで正確《せいかく》になった

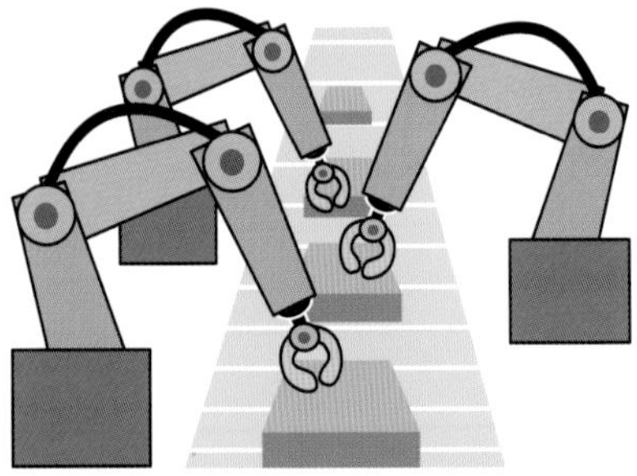

ディープラーニングで、不良品や機械の故障《こしょう》が減《へ》った

バーチャルアシスタントは、ディープラーニングで高度化した

画像《がぞう》データを利用する AI《エーアイ》のディープラーニング

犬か猫《ねこ》かを画像《がぞう》を見て区別できるように、いろいろな画像の小さな違《ちが》いなどを見つけて区別・分類することは、ディープラーニングが得意とすることの１つです。

道路上にある標識《ひょうしき》や、信号機の色をきちんと区別したり、レントゲン写真に写っている小さな病気の元を発見したりすることは、すでに実用化できるレベルになっています。

また、工場などでは、ベルトコンベアの上を流れてくる大量の製品《せいひん》を１つずつ写真に撮り、不良品かどうかを区別することにもディープラーニングで進化したＡＩ《エーアイ》が活用されています。

自動運転車から見た外の様子。自動運転車は、ディープラーニングによって、対向車や歩行者、自転車などを区別している。

文字データを利用する AI《エーアイ》のディープラーニング

Yahoo!《ヤフー》やGoogle《グーグル》などの検索《けんさく》サイトといわれるインターネットのサービスでも、ディープラーニングが活用されているということはすでに説明しました。

そのほか、チャットボットと呼《よ》ばれる仕組みにもディープラーニングが使われています。多くの利用者との文字による会話を通じて、どんな質問《しつもん》に、どんな答え方をすれば、利用者が必要な答えになるのかということを、チャットボット自体がたくさんの会話を経験《けいけん》することで、確《たし》からしさが高まるのです。

それと同様に、自動翻訳《ほんやく》という仕組みもディープラーニングを活用することで、より正しい翻訳ができるようになってきています。

音声データを利用するAI《エー アイ》のディープラーニング

文字による言葉を理解《りかい》して、正しい答えを出せるようになったAI《エーアイ》なら、音声を正しく聞き取って、文字データに置きかえることができれば、その置きかえた文字データを理解できるのは、当たり前のことです。

人間と会話ができるAIは、音として入力されたデータを文字データとして正しく判断《はんだん》するためのディープラーニングと、問いかけられた質問《しつもん》に対して、どんな答えをするのがよいかを判断するディープラーニングなどを組み合わせることで、人間同士の会話のように、自然なやりとりができるようになるのです。

ディープラーニングは、AI《エー アイ》をより人間の知能《ちのう》に近づける

ディープラーニングが実用化されたことにより、それ以前のAI《エーアイ》ではできなかったような、人間らしい表現《ひょうげん》などを実現《じつげん》できるようになったのです。

つまり、ディープラーニングによって、たくさんの人間の会話を学習すれば、もっともっと人間らしい会話ができるようになります。そして、より人間らしい会話ができるようになることは、人間の知能に近くなることだといえるでしょう。

今後は、ディープラーニングがもっと精度《せいど》を高めていくことによって、さらに人間の知能に近づいていくことでしょう。

さくいん

●監修

山田 誠二（やまだ せいじ）

1989年大阪大学大学院博士課程を修了後、同大学助手、講師、東京工業大学助教授を経て、2002年より国立情報学研究所教授、総合研究大学院大学教授、東京工業大学特定教授。2016年から2018年まで、一般社団法人人工知能学会会長を務めた（現在は顧問）。
専門はHAI（ヒューマンエージェントインタラクション）、人工知能、Webインテリジェンスで、現在はHAI、IIS（知的インタラクティブシステム）を中心に各種の研究プロジェクトを推進中。主な著書に『本当は、ずっと愚かで、はるかに使えるAI ―近未来人工知能ロードマップ』（日刊工業新聞社）、『マインドインタラクション― AI学者が考える《ココロ》のエージェント』（近代科学社）など多数。

●装丁
村口敬太（Linon）

●本文デザイン・DTP
HOPBOX

●本文イラスト
ワタナベカズコ・HOPBOX

●写真提供
カバー・表紙・本扉：PIXTA

●編集協力
図書印刷株式会社／有限会社オズプランニング

ISBN 978-4-7999-0353-7 NDC007 48p 293 × 215mm

AIとともに生きる未来
2　AIの進化～推論《すいろん》・探索《たんさく》からディープラーニングまで

2020年3月　初版第1刷発行
監　修　山田 誠二
発行者　水谷 泰三
発行所　株式会社**文溪堂**
〒112-8635　東京都文京区大塚3-16-12
TEL 営業　(03) 5976-1515　　編集　(03) 5976-1511
ホームページ　http://www.bunkei.co.jp
印刷・製本　図書印刷株式会社

きみは、AI に使われる？
それとも、使う？

AI とともに生きる未来

（全４巻）

AI（人工知能）が発明され、これまで３回のブームがあり、今はまさにその３回目ですが、今回のブームは、過去の２回に比べて、実用化が進んでいて、社会的にもよく知られるようになっています。
本書では、この前提に立った上で、

・そもそも AI（人工知能）とは何か、
・今後、どのような発展を遂げていくのか、
・それによって、わたしたちの生活がどのように豊かになるのか、
など、AI の基礎的な内容を豊富なイラストや図版を使ってわかりやすく解説。

・現在の３回目の AI ブームを支える、機械学習、ディープラーニングといった AI のしくみの基礎も図版を使ってイメージできるようになっています。

・AI についてプラス面だけでなく、「シンギュラリティ」の問題や”AI によって人間の仕事が奪われる”可能性など、マイナス面もふくめ、総合的に解説。

・これから AI がますます発達する中で、AI という新しい「道具」をいかに使いこなしていくか…そのためには、どのような能力開発・スキル開発をめざすべきかについても言及しており、子どもたちの将来の職業選択の一助になる内容となっています。

監修：山田誠二

各巻構成

A ４変判
各 48 ページ
NDC007
（情報科学）

1　知ろう AI というプログラム
2　AI の進化　推論・探索からディープラーニングまで
3　AI の今　スマート家電・バーチャルアシスタントなど
4　これからの AI　「シンギュラリティ」が来る？